野外生存必备手册

曹 林 编译

光明日报出版社

图书在版编目（CIP）数据

野外生存必备手册/曹林编译 . -- 北京：光明日报出版社，2011.6（2025.1 重印）
ISBN 978-7-5112-1152-1

Ⅰ.①野… Ⅱ.①曹… Ⅲ.①野外—生存—手册 Ⅳ.① G895-62

中国国家版本馆 CIP 数据核字 (2011) 第 066311 号

野外生存必备手册

YEWAI SHENGCUN BIBEI SHOUCE

编　译：曹　林	
责任编辑：李　娟	责任校对：华　胜
封面设计：玥婷设计	封面印制：曹　净

出版发行：光明日报出版社
地　　址：北京市西城区永安路 106 号，100050
电　　话：010-63169890（咨询），010-63131930（邮购）
传　　真：010-63131930
网　　址：http://book.gmw.cn
E - mail：gmrbcbs@gmw.cn
法律顾问：北京市兰台律师事务所龚柳方律师

印　　刷：三河市嵩川印刷有限公司
装　　订：三河市嵩川印刷有限公司

本书如有破损、缺页、装订错误，请与本社联系调换，电话：010-63131930

开　本：	170mm×240mm		
字　数：	200 千字	印　张：	15
版　次：	2011 年 6 月第 1 版	印　次：	2025 年 1 月第 4 次印刷
书　号：	ISBN 978-7-5112-1152-1		
定　价：	49.80 元		

版权所有　翻印必究

前 言
PREFACE

随着时代的进步，人们越来越热衷于旅行和探险，越来越多的人加入到野外活动中来。户外探险是对人们繁忙生活的一个调剂，能让人们亲近大自然；同时它也是一次难得的人生体验，有助于人们探索未知的精彩世界。但是，大多数人对野外潜在的危险或估计不足，或缺乏经验，不知道出行前该做哪些准备，不知道怎样借助大自然的力量生存，也不知道意外发生时该如何自救。结果，他们要么一再将探险行动拖延，终生也未能成行；要么仓促出行，吃到了准备不足的苦头。因此，掌握旅行、野营和探险的生存基本知识是必要而且重要的。《野外生存必备手册》就是专门为户外运动爱好者准备的，让他们可以轻松实现自己的探险梦想。

这是一本必备的关于户外探险和野外生存技能的手册，集中了世界上最优秀的探险家的智慧，讲述了他们的技能和经验。全书共分八章，包括"计划与准备""基本装备""导航""旅行""野营装备""食物与营养""人与环境""急救"等。这些内容不仅为户外运动爱好者介绍了野外旅行的各种类型（包括徒步、骑自行车、划船、骑马等），还介绍了旅行、探险和远足时必备的安全知识、急救常识，更详细讲解了旅行、野营和探险时的各种生存技能，尤其是在没有现代化工具的情况下如何利用自然本身和原始技术取火、取水、觅食、制造工具、加工食物等，以使自己和同行者在极端恶劣的自然环境中生存下来。掌握了这些知识，人们的户外旅行、野营、探险将更有保障。

为了让读者更加容易了解和掌握这些野外生存技能，书中还配备了500多幅插图，其中包括野外生存技能的步骤图示，比如实地定位、搭建帐篷、使用地图判断行进方向等。这些插图轻松、形象地展示了野外生存技能的关键点和难点，读者一看便会，且能够迅速掌握。

在出行前，认真阅读本书，读者将能获得有关野外旅行、野营、探险活动的权威建议，提前规避许多风险，使得整个行程变得更加安全和轻松。但是，需要注意的是，即便制订了最周密的探险计划，也可能出现计划外的情况。在遇到意外的危险时，读者可以从容应对，从而化险为夷。

希望本书所叙述的技能有助于读者进行一次美妙的探险旅行，让读者在野外探险中找到安全之路，尽情享受大自然的魅力。

目 录
CONTENTS

第 1 章　计划与准备

旅行计划 / 2

团队 / 5

预算 / 8

钱与保险 / 10

危险评估 / 12

个人证件 / 15

医药准备 / 18

与青少年旅行 / 21

单人旅行 / 24

第 2 章　基本装备

选择装备 / 28

适用于温和气候的衣服 / 33

适用于湿热气候的衣服 / 36

适用于干冷气候的衣服 / 39

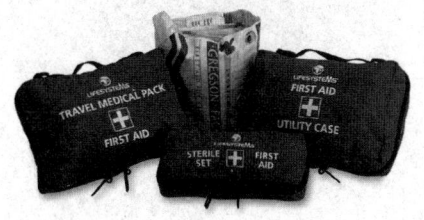

鞋子 / 42
个人野营装备 / 45
基本生存装备 / 52
团体野营装备 / 55
炉具 / 58
炊具 / 61
附加装备 / 64
工具 / 67

第3章 导 航

地图 / 72
读地图 / 76
指南针 / 79
地图与指南针的使用 / 82
利用日月星辰导航 / 85
利用其他自然特征导航 / 91

第4章　旅　行

每日旅行计划 / 96
徒步旅行 / 99
骑自行车旅行 / 102
划艇旅行 / 106
骑马旅行 / 109
驾车旅行 / 112
乘坐公共交通工具旅行 / 115

第5章　野营装备

选择营地 / 120
布置营地 / 123
搭建帐篷 / 126
建立大本营 / 131
轻装野营 / 134
个人卫生 / 137
营火 / 140
使用斧头 / 146
使用锯子 / 148
拔营 / 149

第6章　食物与营养

营养需求 / 154

饮食规划 / 157

当地的食物 / 160

脱水食品 / 163

食物的包装 / 165

户外炊事规划 / 168

食物的存储与卫生 / 171

轻装野营食物 / 174

不使用器具的烹饪 / 177

大本营中的伙食准备 / 180

饮用水 / 183

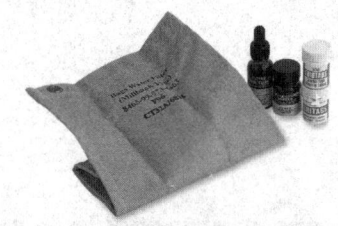

第7章　人与环境

个人安全 / 188

爱护环境 / 191

野生动物 / 194

植物 / 197

户外危险 / 200

了解天气状况 / 203

求救信号 / 206

第8章 急 救

基本急救处理／214

骨折／220

炎热天气的影响／223

寒冷天气的影响／226

第1章 ▶ 计划与准备

好的计划是成功旅行的关键,旅行前制订计划也是旅行乐趣的一部分。细致的准备工作意味着一切都将顺利进行,所有的困难都会迎刃而解。但也不排除那些你不能预见的事所带来的惊险。在旅途中,你应该准备好走一条不同的路,并准备好体验那些随时可能出现的令人紧张的时刻。

野外生存必备手册

旅行计划

计划对于任何种类的旅行都是必需的。计划的复杂程度取决于如下因素：旅行地点、团队人数、旅行时间等。即使是最简单的短途旅行也必须事先做好一些计划。

在开始制订计划时，你得先考虑一下你的旅行的类型。当你已经决定要选择何种旅行时，你就可以开始考虑目的地、随行同伴、路线、旅行方式、旅行时间等问题了。

你通常需要做一些调查研究（诸如使用地图、旅行指南或在网上查），才能做出最后的决定。你需要根据搜集到的信息相应地更改你的旅行计划。你的考虑越细致、计划越周密，旅行途中所遭遇的意外事件就越少。这就是制订计划如此重要的原因。

↓查看旅行地的地形状况并预计天气状况——处理好这些问题将是你旅行顺利的关键。

↑一天的划船旅行能够让你对一个地区的景色产生全新的感受，因此你应该弄清楚你所前往的目的地能进行哪些活动。

▶ 国内旅行

如果你想在国内的某一地方进行为期一周的徒步旅行，那么你事先应做好如下准备：选择旅行目的地和旅行同伴、向当地的旅游信息机构询问关于野营地点的问题、买一张合适的地图等。你必须要考虑到衣物和装备问题，如果你还没有其中的某些必备物件，那么必须去借或者购买。选择与旅行地气候相适应的衣物和装备对于旅行的安全度和舒适度来说是十分重要的。此外，研究一下你所能预见的天气情况也将对你日后的旅行起到不可估量的作用。

根据你所计划的活动，你也许需要购买额外的保险或进行一些技能训练。健康问题也是需要注意的，你必须熟练地掌握一些基本的急救知识。

↑骑车越野并非易事，因此你在进行此类旅行前的几个月就有必要开展一些增强体能的训练。

国外旅行

如果你要去更远的地方，你制订的计划也许就会涉及到：预定火车票（也可能是渡轮票或飞机票）、获取登山的许可、租用交通工具或取得你自己车辆的相关证件、获取签证、接种疫苗、拿到国际驾照的一切事项。

如果你想在旅行的途中骑车、骑马或划独木舟，那么就有必要在出发前做一些常规热身训练，以便发现潜在问题。骑着一辆装满各种沉重器具的自行车旅行，与在乡间小道上骑自行车兜风可完全是两回事。如果你打算在马背上进行一次探险活动，你除了需要会骑马外，还得知道如何喂马以及如何在夜间照料马。

如果你前往一个缺乏专业医疗服务的偏远地区旅行，你的急救准备措施就显得至关重要了。在旅行前你必须进行疫苗接种，此外你还需要更多的急救物品。丰富的急救知识和熟练的技能对于在偏远地区进行探险活动或一些其他高危险活动具有重要的意义，例如在登山运动中，万一发生事故，如果你知道该做些什么，那么你的生

请提前做好准备工作

提前 12 个月
- 确定旅行地、旅行路线及旅行目的。
- 确定团队成员。
- 考虑交通工具的选择。
- 考虑准备在旅行地进行的活动。
- 实施危险评估。
- 请求旅行国或旅行地的旅游许可。
- 制订预算大纲。
- 制作一张关于旅行地的信息表。

提前 10～12 个月
- 召开第一次团队会议。
- 确定旅行日期。
- 确认所有的团队成员已经通过了相应的体检。
- 确定准备进行的活动的细节。
- 确定进行训练活动的日期。
- 所有团队成员进行一次周末野营活动。

提前 8～10 个月
- 列出团队装备的清单。
- 列出个人装备的清单。
- 安排保险（医疗保险、人身保险、第三方保险等）。
- 制定食谱。
- 预订车船机票、野营地或宾馆。
- 指定国内联络方式。

提前 4 个月
- 获取所需要的签证。
- 开始接种疫苗。
- 确定食谱。
- 确定行程计划。

提前 1 个月
- 获取所有需要的额外证件。
- 将所有不易腐烂的食品装入行囊。
- 全体成员集合，检查并整理所有装备。
- 准备并检查将在旅行中使用的交通工具。
- 寄送所有需要提前寄送的物品。
- 兑换货币并购买旅行支票。

提前 1 周
- 完成所有的疫苗接种；如果需要的话，开始服用一些防疟疾的药片。
- 检查清单上所列的所有装备和食物。
- 检查所有的签证及其他旅行证件。
- 检查全部行程路线。

提前 1 天
- 检查车船机票。
- 检查行囊，确保一切都已装好。
- 询问机场、渡轮站或火车站以确认你的交通计划无任何的改变或迟延。
- 确保你的行囊内没有会在机场安检中发生问题的物品。

对于这样的一次旅游，你至少需要提前 12 个月开始制订计划。上表所列清单会对你有所帮助。但这只是一个参考，也许你不需要其中的一些物品，或者需要再增加一些其他物品。存机会就大得多。

团 队

志同道合的团队成员将增添旅行的乐趣，使旅行变得更有价值。选对旅行同伴就如同选对旅行装备一样重要，选择前需要花费你很多心思。

▶ 选择目标

无论你计划与家人还是好友或是新认识的人一起旅行，你都应该在旅行前鼓励每个人说出各自对于此次旅行的预期目的，然后尽量将这些目的综合成团队的共同目标，因为共同目标能够促进团队凝聚力。在达成一个让每人都满意的清晰的共同目标之前，一定要花时间讨论在旅行中可能出现的情况及应对方法，以便确保你所安排的活动在每个人的能力范围之内。

▶ 选择团队成员

如果你已经有了一个旅行意向并正在选择旅行同伴，你应该选择那些易于相处且与你有着相似生活经验的人。你应该确保每个团队成员相互之间能够融洽相处，每个人都对团队所做决定满意，而且他们与你有着共同的旅行目标。

如果你需要一些具备特殊技能（如急救）的人，那么你必须要了解他们的技能水平及其所接受的技能培训是否是最新的。如果他们的技能已过时，则有必要让他们学习一些最新的课程。还有一点是非常重要的，即团队中的各个成员都要具有大致相当的生理和心理素质。拒绝那些身体不健康或受伤的人加入团队。这样似乎不太友善，然而你必须要考虑到一个身体不健康的人很可能会拖累整个团队。此外还

←共同的日程和目标以及融洽的团队人际关系是确保旅行顺利的关键。

↑良好的沟通对一个团队来说是至关重要的,领队需要召集所有团队成员至少1天开一次小会。

需要考虑的是:在旅行条件恶劣的状况下,你的团队成员是会积极应对这种挑战还是牢骚满腹。

▶ 领队

由于旅行团队中人数较多,因此有必要从中选择一位领队来带领整个团队。这个人可以毛遂自荐,也可以由团队选举产生。但前提是此人必须要有足够的威望和能力在各种情形下指挥整个团队。当团队中有儿童或遇到地势情况复杂的时候,领队所扮演的角色就显得更为重要了。此外,在进行一些需要特殊技能的活动时,领队也发挥着重要作用。

团队成员都为成人时,领队似乎显得可有可无。但是当一个团队的人数在20人以上时,甚至需要有多个领队,队员还需要分工合作,其中一些成员可以负责一些特定问题,比如开车或急救。

提升团队精神

⊙在早期计划阶段,你应该动员每一个成员写下各自的旅行目的,并尽力将这些目的融入到整个旅行计划中以鼓舞每个人的士气。

⊙出发前,整个团队应就某些事项达成一致,做出规定,以避免日后在探险活动中出现分歧。

⊙组织一次周末野营活动是检验一个新团队是否能融洽相处的好办法。这将促进团队成员之间的交流,并能及时发现一些性格不合的问题。

团队成员可能扮演的角色

以下清单列出了一个团队可能需要的不同角色。

副领队

在旅行出发前或旅行当中,当领队由于意外而不能履行职责时,则由副领队来顶替。

物资管理员

在整个旅行中负责看管并分发所有的装备和食物。

财务管理员

记录所有旅行开销,确保预算能维持至旅行结束。此外,财务管理员还负责保管资金及贵重物品。

野炊负责人

安排每天负责准备食物和洗刷餐具的轮值表,并监督这些工作的实施。制订每日合适的饮食计划。

急救员

救助在旅行中受伤和生病的成员,并负责保管急救箱。对于较大的团队来说,还有必要记录成员的过敏症、耐药症及所需要的药物处方,并且要记录旅行中成员的生病和受伤事件及其处理方法。此外,急救员还应负责行前体检、疫苗接种和体能训练等事宜。

导航员

保管地图和指南针,建议行程路线,确保路线正确无误。

翻译

当去国外旅行时,由翻译代表团队进行交流。这时,一位懂得一些当地关键词汇的翻译是十分有用的。

沟通

良好的沟通能力是一个领队所必须具备的最重要的能力。作为一个领队,需要具备良好的判断力,并能有效地组织成员之间的讨论以及合理地分派任务。当团队成员之间发生冲突时,领队还应扮演调停者的角色。当处于一种恶劣的环境并且可能遭受压力和恐慌时,沟通就显得尤为重要。如果成员之间不能进行很好的沟通,那么大家就会产生不满的情绪并导致整个旅行成为一次不愉快的经历。

性格问题

在旅行出发前,领队需要尽快了解每个团队成员的性格。当整个团体开始分化为几个小团体,那时就难以达成整个团队的共同目标了。进行一些有趣的团队活动有助于增进成员之间的融洽度并加强团队精神。

领队要避免表现出任何的偏袒和不公正。如果有人察觉到了领队的某种偏袒倾向,他就会感到被忽视。这极有可能成为一些不良行为的导火索。

预 算

为旅行经费做预算时，首先要估算出旅行所需的总费用，然后再决定这些资金的具体分配。这两个过程都需要做一些预算。本节所提供的预算大纲表仅供参考，你也可以根据需要增加或删减一些项目。

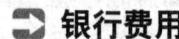 符合实际

旅行预算要与实际所需的支出相符并尽量做稍高的估计，以便你在旅行中能从容地应付一切花费。要是在旅行中为钱发愁，那么你的旅行肯定就不那么愉快了。

你应该准备充足的时间来研究旅行中需要开销的项目。如果你不知道一项支出的确切花费，那就要尽量了解其可能有的价格。预算编制应采取该项花费的中间价格（介于最高价格与最低价格之间）。理想的预算数字应该是刚符合或稍高于实际需要。反之，如果预算数字低于实际需要，你就得挪用应急费用来支付一些日常花费。而等到发生一些紧急情况时，就没有多余的钱来应付了。这时，你将不得不改变行程计划。

银行费用

如果需要兑换外币，你还应该将兑换和汇款手续费列入预算当中。如果你专为旅行开设了一个银行账户，也需将开设账户的手续费列入预算当中。

←即使是一次简单的背包旅行也需要花钱，因此你需要考虑旅行的方方面面，以制订一个详细的预算。

预算大纲

管理费用
- 邮费。
- 通讯费（电话／传真／上网费）。
- 宣传费。
- 办理护照与签证的手续费。

装备费用
- 购买费用。
- 租赁费用。

训练费用
- 划船／骑马／骑车／滑雪训练费。
- 急救训练费。

交通费用
- 飞机／渡轮／火车／巴士／出租车费用。
- 租用车辆费用。
- 租用动物费用（马／骆驼／牦牛）。

运费
- 装备的运费。
- 车辆的费用。

保险费
- 人身保险费。
- 车辆保险费。

银行费用
- 兑换手续费。
- 银行转账手续费。

食物费用
- 国内购买的费用。
- 国外购买的费用。

外地支出费用
- 生活费。
- 雇佣向导／当地人的费用。
- 燃料费。
- 海关税。
- 礼品费。
- 杂费。

探险后费用
- 管理费。
- 摄影费。

占预算15%的应急费用

食物与装备费用

如果你是乘坐公共交通工具旅行，要确保所带行李没有超重。一旦所带行李超出了限制重量，就会产生额外费用。当然你也可以将行李托运至旅行目的地，但是这样做的花费可能会比较多，而且行李通过海关也比较费时间。

此外，你还要弄清楚的是，在目的地购买食物和装备是否会更便宜。

应急费用

预备应急费用就像购买保险一样，是十分重要的。如果是驾车旅行，那么你还应该准备至少占总预算15%的应急费用，因为你很有可能需要用这些钱来修车。

钱与保险

无论你计划何种探险活动,都需要考虑一种最安全、最方便的携带钱的方式。此外,你还要确保已为计划中所有的活动购买了保险。

⮕ 钱

有多种携带钱的方式。不过最好还是尽量预备好一切所需物品,以减少携带大量金钱所带来的危险。

旅行支票

旅行支票是一种必须与护照结合使用的支付方式,因此对小偷的诱惑力远逊于现金。你可以在到达目的地后用当地通用或接受的货币购买一些旅行支票,其中既要有大额支票也要有小额支票,以方便使用。由于一些地方的商店并不接受旅行支票,因此你也有必要随身携带一些当地货币的现金。

现金限制

一些国家为了控制旅游业收入,规定每位游客要将所携带的一定数量的钱兑换成当地货币。而且,你还可能不能将这些货币兑换回来或带出这个国家。旅行前,你要搞清楚你所前往的目的地是否有此类规定,并相应地将其列入预算。

信用卡

需要注意,除一些大的中心城市和国际性饭店外,你可能不能使用信用卡。此外,拿信用卡在自动取款机上取款前,要查验一下手续费和汇率。一些由国际租车公司发行的信用卡可用于租车等服务,但要知道任何通过该信用卡支付的款项都以你的本国货币来结算,这一方式更易于核对支出。

⮕ 保险

标准的假日险所涵盖的险种能满足你的大部分旅行需要,当然你可能

↓即使你打算使用旅行支票和信用卡,你仍应该携带少量小面额的现金。

还需要为更多的危险性活动上一些专门险。

人身意外险

标准假日险一般已包括了人身意外险的保费，但你要确保该险已覆盖死亡、四肢伤残、失明等事故的赔偿。

医疗保险

当你前往一个缺乏或者没有足够医疗服务的地方时，空中救护就显得至关重要了。如果你打算前往偏僻的山区或驾舟海上航行，那么你可能还需要购买单独的营救险。

行李保险

大部分假日险的保单都包括了行李迟延或丢失的保费。诸如照相机、珠宝等贵重物品必须要适当地投保，当然你也应该尽量避免携带那些旅行不需要的贵重物品。虽然家庭财产险中可能已包括了一些物品，但在旅行前你还是应该仔细阅读保单上的所有详细条款。

信用卡保险

由于信用卡容易被窃贼盯上，故而需为信用卡的失窃购买保险。

注意保管好你所使用的信用卡的发卡部门的电话号码，不能将其与信用卡放置在一起，以免与信用卡一起失窃。

高危运动险

即使你不是前往国外旅行，冬季运动、登山、划船、潜水、大型狩猎活动及其他高危运动通常也需要上专门险。仔细核对标准假日险的保单，看其是否包括了高危运动险，因为这些高危运动具有很大的受伤风险。

第三者伤亡险

万一你由于某种原因对他人的生命或财产造成损害，投保第三者伤亡险可谓是明智之举。第三者伤亡险通常也包括在标准假日险的保单之中，但旅行前你还是有必要核对一下是否已包含了此险种。

车辆保险

如果打算驾车旅行，还应为车上车辆保险，并确保该险的保险范围覆盖车辆所经驶的所有国家。

飞机失事险

如果你计划坐飞机旅行，你得核对一下你的人身意外险中是否已包含了此险种。如果你是打算自己驾驶飞机，则需要投保单独的高危运动险。

危险评估

作为团队中的一员，你有责任对自己及其他团队成员的安全负责。对旅行进行危险评估是至关重要的，比如旅行中的活动可能带来的危险、团队成员可能受到的伤害及其危险程度等。

为什么要进行危险评估

危险评估是对一次活动所具有的危险性进行的事前评估，以确定可能会出现哪些问题、哪些人可能会受伤以及如何处理类似问题等等。意外事故总是可能会发生的，但是有效的危险评估能够减少潜在的意外事故发生并使人从中吸取教训。

↑山地骑车旅行看似危险性不高，实际上，它的潜在受伤危险性是很高的，特别是对于一些新手而言。

↑一本好的旅行指南通常会强调旅行地潜在的危险因素，但是你最好还是上一下相关网站，以获取最新的可靠信息。

识别危险

在识别一项活动所具有的危险性的时候，你应当注意那些可能导致严重伤害的方面。有时候你应该询问那些对活动内容不太熟悉的人的看法，因为这些人往往会发现一些老手所忽视的问题。另外，一些装备生产商所提供的产品说明书也往往有助于你识别某些危险。

此外，你还应考虑到一些其他的潜在危险，包括自然灾害、恶劣的天气状况、高原环境的适应性、危险的

第1章 计划与准备

野生动物以及当地的饮用水安全。如果你需要山区急救服务，则要提前了解一下你所前往的地区是否有该项服务。确保每个团队成员都已接种了必要的疫苗。你的目的地也许是一些政局不稳定的地区，这些地方可能存在着内战、游击战、绑架勒索或恐怖主义活动等危险。出发前应多了解情况，一些国外网站上一般都会有最新的可靠信息。

在任何活动中，活动的参与者和指挥者都处于最明显的危险之中。但同时也要充分考虑到，该活动对于那些等待参与活动的人以及参观者和路人所具有的潜在危险。

➡ 评估危险

在分清每一活动包含哪些单独环节后，你就需要估计出每一环节所具有的危险程度。你可以将危险程度分成"高—中—低"3个等级。同时，你应该考察到该项活动的历史，因为在历史中可能已经发生过一些事故，可以让你吸取一些经验教训。

改进操作技术、增添装备或增加训练等所有这一切都有助于减少危险和加强安全，当然这并不能完全消除旅行中的危险因素。

仔细阅读保单（人身意外险、车辆保险、团体保险）上的详细条款，确保已覆盖所有可能涉及的危险。

➡ 做记录

旅行中应对以下事项做记录：装备的使用时间、使用年限、维修记录以及旅途中发生的意外事故。这些记录会对以后使用这些装备的人有所帮助。

←战争对人身安全有严重威胁。如果你所前往的目的地正处在战争的危险之中，你最好还是改变行程计划。

↑在进行诸如划船等旅行活动前，接受一些基本的技能训练是十分必要的。因为这些技能和知识有助于提高活动的安全性。

评估程序

⊙关注危险。
⊙确定谁可能会受伤并且会如何受伤。
⊙评估危险程度，并确定现有措施是否能预防危险，是否需要增加更多的措施。
⊙记录所发现的危险。
⊙旅行中应不断地讨论你所做的危险评估，并做出一些必要修正。
⊙旅行后重新检查你所做的危险评估，并做出必要修正。

←良好的体能和严格的纪律在山区等地势状况复杂的地域内显得尤为重要，因为在这些地域很容易发生一些由于疏忽而导致的意外事故。

个人证件

办理各种旅行证件颇让人头痛，但这却是至关重要的。如果你在出入边境时不能出示各种正确的证件的话，你将会陷入麻烦。

➡ 护照

当你前往一个需要签证的国家时，应确保护照的使用期限不少于6个月。通常情况下，大多数签证都占据护照中一页或至少半页的篇幅。因此要确保你的护照本上留有足够的空白页。

有些国家特别发行一些留有较多空白页的护照，因此如果你的旅行要途经多个国家（特别是那些需要签证的国家），则最好考虑申请这类护照。

否则，万一在护照有效期限之前空白页就用完了，你就不得不花钱重新换领一本。

➡ 签证

签证是一国为控制入境的外国游客和居留者而签发的一种官方证明。签证规定总是随着移民政策的修改而不断地发生变动。出国前，你应该给你将前往国家的大使馆打电话或者访问其官方网站，以获知你是否需要办理签证。

签证经申请后可以在国内的相关大使馆处获得——既可以亲自申领也可以通过邮递。根据你的国籍、旅行理由及目的地等的不同，签证时间可能需要几小时到几周不等。如果你准备邮寄护照和签证申请及相关费用，一定要选择已经注册的邮政服务并在邮寄前记录下护照号码或备下护照的复印件。申请签证前务必要仔细阅读签证要求，因为一旦由于某些差错而

←无论是在旅行中还是在旅行结束后准备下次旅行期间，都要妥善保管你的护照及其他证件。因为这些东西能在黑市卖上好价钱，是小偷经常觊觎的对象。

↑根据你国籍的不同,各国的签证要求差异很大。因此,你得访问其官方网站以获取你所需的最新信息。

被拒签,之后就很难再拿到签证了。

如果身在国外,你通常可以在该国的相应大使馆获得目的地国的签证。当然这一过程可能比较花费时间,有时需要花费几周的时间。千万不要对大使馆及其工作人员的工作效率表现出不耐烦,这么做非但于事无补而且可能导致进一步的拖延时日甚至拒签。

签证申请必须提前进行。在计划旅行时就要决定是否前往那些需要签证的国家。这样做能够让你在国内有充足的时间来申请签证。

⇨ 国内驾照

即使你需要有国际驾照才能在国外驾驶,你仍然要携带国内驾照的复印件。因为大多数国外租车公司都会接受国内驾照复印件作为身份认证和具备驾驶能力的证明。

⇨ 国际驾照

国际驾照是一种在世界范围内承认的可以证明你在本国持有有效驾照的证件。并非所有国家都规定外国驾驶者必须携带国际驾照,因为有些国家相互承认对方的驾照。国际驾照是为那些喜爱自驾车出国旅行的人设立的,这为驾车旅行者在对驾照要求各不相同的各个国家旅行带来了方便。此外,在护照失窃的时候,有照片的国际驾照也是身份认证的一种有效方式。

国际驾照共用10种语言印制——联合国的5种官方语言(英文、法文、西班牙文、俄文、中文)以及德文、阿拉伯文、意大利文、瑞典文和葡萄牙文。国际驾照的申请费用较低,一般可以在本国负责颁发驾照的机动车管理机构申领。

证件清单

⊙ 护照。
⊙ 签证。
⊙ 国内驾照。
⊙ 国际驾照。
⊙ 接种记录。
⊙ 国际预防接种证书。
⊙ 国际野营证书。
⊙ 货币与贵重物品申报单。

第 1 章　计划与准备

⇨ 接种记录

医疗机构及至一些航空公司都会发一些用于记录疫苗接种情况的小册子。这些小册子能够提醒人们接种最新的疫苗。此外，如果这些小册子是半官方性质的，还能作为疫苗接种的证明。如果你没有这类小册子，就把接种记录写在一张纸上并与护照放在一起。

⇨ 国际预防接种证书

国际预防接种证书（俗称"黄皮书"），是你已经接种了某些疾病疫苗的国际性证明。这些疫苗包括：麻疹疫苗、腮腺炎疫苗、风疹疫苗、伤寒疫苗、甲型肝炎疫苗、黄热病疫苗、脊髓灰质炎疫苗、破伤风疫苗等。如果你是前往一些较落后地区，推荐你接种以上所有疫苗。国际预防接种证书是由为你接种疫苗的医生或医疗机构签发的。该证书一定要正确填写并由相关部门盖上印戳，否则就是无效的。在一些国家，也许需要你在边境检查时出示该证书；如果你没有该证书，则会被要求在其设立的接种点注射疫苗，通常都是在简陋的设施下由一些非专业医务人员操作且有接触不洁针头的危险。你也可能被拒绝入境。

⇨ 国际野营证书

国际野营证书是由世界各地的野营协会签发的，其中附有护照的细节信息。许多野营地也许需要该证书以代替上交护照，这就使得你可以保留护照以便用于兑换货币、兑现旅行支票及用于其他事项。同时，把护照放在身边也会感觉比较安心。当然，并不是所有的野营地都接受该证书以代替护照，因此你应该提前了解打算前往的野营地的相关政策。

⇨ 财务申报

有些国家规定，必须在边境填写外汇申报单。该单所需填写的内容包括诸如相机、珠宝等贵重物品及货币。注意正确填写该单并妥善保管防止遗失，因为在你离境的时候可能会要你出示该证件以核对你是否卖掉了其中一些物品。

→如果你打算在河流或湖泊划船，你得确保该水域有不受限制的公共通道。此外还要注意不要闯入私人水域，特别是当身处国外或不熟悉当地法律法规的时候。

医药准备

旅行前，你的准备工作之一就是找出哪些因素可能会影响你和团队成员的健康，以及学会如何保护自己。由于旅行地不同，最有可能遭遇的健康问题也不尽相同。因此你得参见当地最新版旅游指南上的建议，并与专业医疗组织联系以求得最新的建议和指导。

有关你当前的身体健康状况以及可能会因诸如饮食的改变或恶劣的气候条件而受到影响的问题，你可以向医生咨询。疫苗接种能够保护你免于感染一些流行性疾病，一些特殊的衣服和睡袋也会保护你免受那些携带疾病的昆虫的叮咬。在另一些情况下，知道潜在的危险并相应地调整你的行为也能够使你避免一些疾病或伤害。你还需要了解你所游览的地区有哪些医疗设施和急救服务，以及你是否有权免费使用这些设施和服务。

疫苗接种

出发前，每一个旅行的人都应该接种旅行地所特别要求的疫苗。这些疫苗可能包括脑膜炎疫苗、狂犬病疫

健康提示

旅行途中，你的某些健康问题可能会导致一些严重的并发症。因此如果你有下列症状，建议你去寻求一些医学建议以了解你的身体状况是否适宜出行。
⊙长期的严重伤痛。
⊙哮喘病。
⊙癫病。
⊙偏头痛。
⊙怀孕。
⊙高血压。
⊙心脏病。
⊙癌症。
⊙传染性疾病。

↑良好的体质会使徒步旅行有更多的乐趣。

↑ 如果你打算前往一个缺乏医疗服务的偏远地区，你要确保携带上日常所需的一切药品以及所需的急救物品和药品。

苗、甲型肝炎和乙型肝炎疫苗、黄热病疫苗和肺结核疫苗，以及那些你可能已经接种过的脊髓灰质炎疫苗、破伤风疫苗（有时是白喉疫苗）和伤寒疫苗。

每个团队成员都有责任检查一下，以确认自己是否需要对先前接种过的疫苗外加注射剂量。急救员应该提供一些相关的疫苗接种信息，提醒每个人确保自己已经得到足够的保护。如果有儿童或青少年一同旅行，你得和他们的父母或监护人取得联系以做好疫苗的接种准备。每个人都应该确保自己接种了所有必要的疫苗。

根据你所要到达的目的地，有时携带防疟疾的药片可能是必需的，并且你需要事先知道应该何时开始服用药片。医生或旅行机构可能并不知道一些最新的情况，这时你最好联系那些专门研究热带流行疾病的医疗机构以获取对你有用的最新相关信息。同时，许多航空公司也提供疫苗接种的咨询服务。

身体检查

如果你打算做一次长期旅行或前往某些缺乏良好医疗服务的地区，则需在旅行前做一次全面的身体检查。

如果有一位合格的医生随行，那么就可以让他对每个团队成员进行体格检查。此外，每个成员还应填写一份问卷调查表。该表内容包括：以往

↑你应该尽可能多地了解你将前往的目的地的气候状况，并掌握它将会如何影响到你的健康。

病史、目前服用的处方药以及任何过敏的食物和药物。

对于儿童和青少年，应向他们的父母或监护人询问这方面的信息，并要与其父母或监护人签订协议——在紧急情况下可以对孩子实施药物治疗。

务必确保所有的团队成员都具备一般的体质水平。良好的体质有助于成员更好地适应恶劣的野外生存条件并减少他们受伤的可能性。任何人若对自身目前的健康状况不甚清楚，都应该在旅行前向医生咨询。如果你觉察到某些团队成员的健康状况可能欠佳，则应当让他们退出团队。

牙齿保健

旅行中持续的牙痛将会让人十分扫兴。如果你在超过两周的旅行时间里忽视蛀牙，就很有可能导致牙龈脓肿、感染发炎甚至败血症。如果你最近没有看过牙医，则最好在旅行前做一次牙齿检查，而且要在出发前预留足够的时间完成对牙齿的任何必要的治疗。如果你将前往高原地区或寒冷地区，当地的气候状况很可能会引发你蛀牙的严重疼痛。

> **健康提示**
>
> 如果你没有采取足够的措施来保持健康以及预防疾病，就会使自己的个人安全处于危险之中。

与青少年旅行

对于有与孩子参加的家庭假日野营，你需要考虑到孩子是否具备野外生存的体能以及野外生存可能会对孩子的精神状态有怎样的影响。当孩子对日常活动有任何的不适或不满时，你就应该调整你的计划。

当你带着青少年旅行时，你和其他的领队要在整个旅程中对这些青少年的安全负责。许多关于团体旅行的建议都适用于此。另外，你的威望以及你处理青少年问题的能力很重要。

▶ 团体探险

每6个青少年，就至少应该由1个成年人负责。但是，如果你的计划中包括一些具有危险性的活动或团队成员的年龄低于15岁，这一比例则应该提得更高。如果团队中有的孩子有特殊需要，那么实际所需的成年人数目更要依具体问题具体分析了。

▶ 出发前集会

旅行日程的安排需建立在出发前一系列集会讨论的基础上。旅行前，要将有关事项通知孩子的家长，以使他们对孩子的安全放心。这些集会能让你及时发现一些问题，并相应地修改计划。

介绍性集会

在早期计划阶段，你就应该安排一次集会，向参加探险活动的孩子及其家长介绍有关目的地以及一些探险活动方面的事宜。同时，这可能也是大家第一次互相见面。你得在集会上向大家解释一下探险活动中应遵守的行为规范以及对违反行为规范的惩罚措施。

←每天清晨集会时和大家讨论当天的计划，让团队中的每个人都融入到探险活动中。

● 野外生存必备手册

青少年探险

野外生存的挑战经历对于青少年来说是十分有益的。但是，团队领队必须要确保已将探险活动的危险性降至最低并履行所有他们应当承担的法律义务。关于这些事项的指导手册，一般都由国家或地方的教育机构以及一些国际青少年组织出版发行，如青少年探险者托管组织（Young Explorers Trust）和童子军协会（Scout Association）。

你应留下每个人近亲的联系方式以及3张护照照片。如果是去国外旅行，则还需要护照复印件和出生证明以防护照丢失。此外，你还需要详细陈述你的投保计划。

出发前你应同孩子的父母或其他合法监护人签署授权协议——授权你在紧急状况下可以对被监护人实施药物治疗。同时，你要了解每个人的身体状况，包括哪些人需要哪些特殊的医疗处理以及对哪些药物和食物过敏。如果是去国外，你还得确认每个人都接种了必要的疫苗。

最后集会

在出行前的最后一次集会上，你应该向大家宣读一下最后的危险评估以及对那些易发的危险所采取的措施。此外，传达所有的最后信息并回答大家的一切疑问。

➡ 旅途中

对于一个有12名以上儿童的团队来说，制订一张轮值表是很有必要的，

↓适当安排一些休息和玩耍时间，以防孩子们疲劳过度。

↑诸如滑雪等活动必须要在孩子们体能的承受范围之内,以避免他们变得焦虑或不合作。

以明确每个领队的固定值班时间。对于人数较多的儿童团队(指20人以上),最好再分为若干小组,每个小组配备一名领队,这样会更易于管理。

如果孩子们的年龄大到足以能够独立地做一些事,那么也可以允许他们有一些没有成人监督的自由活动时间。但是领队们要待在一个固定地点,如咖啡馆,让孩子们每个小时都来汇报一下,以确保没人走丢。此外,你手头还要准备一张名单,以便在转乘交通工具的时候清点人数。

⮕ 例会

每天清晨都要进行一次关于当天日程安排的半小时例会,孩子们可以在例会上提出一些问题。孩子们每天所能进行的活动量取决于他们的年龄、体能以及活动类型。你根据以往的经验来安排日程,当孩子们不能很好地应对挑战或突发的天气状况使得原有计划不能进行的时候,你要准备好修改原先的计划。

对某些孩子的不良行为要迅速做出处理。如果一个孩子有多次不良行为,就得考虑把他送回家了。但是这一决定只是在没有其他解决方法的情况下不得已而为之。因为将一个孩子送回家必须有一位领队陪同,这将导致额外的花费并使团队少了一名领队。

单人旅行

许多人喜欢单人旅行的自由，喜欢独自面对新的挑战，喜欢独自游历新的地方。如果你不喜欢团队旅行所带来的种种弊端，如一大堆的机构、不可避免的性格冲突、缺乏自立性等等，那么你也可以考虑一下单人旅行。

单人旅行的最大优点在于你可以随心所欲地改变你的行程计划，而不用和任何人商量。当然，单人旅行也有缺点。以下几个方面是你在决定是否进行单人旅行的时候需要考虑的。

装备

如果你打算做一次徒步旅行，并且自己携带所有的物品（包括营帐和野炊器具），那么你就要尽量选择那些重量较小的器具并避免携带不必要的物品。

如果你还没有徒步旅行所需的装备，特别是一些比较昂贵的装备，最好是能租到或借到，因为配备那些装备需要一笔花费。你得确定自己能够正确使用所有的装备（包括怎样搭建帐篷），以及懂得修理和维护。

旅行费用

除非你是自己驾车并且睡帐篷，否则你的花费将会比较大。因为渡轮和住宿对单个人的收费会相对贵一些，特别是当你要求单人船舱和房间的时候。

保持联络

要与国内的亲戚或朋友保持定期的（可以在每周的同一时间）电话联

→单人旅行具有更多的灵活性。一有新的机会出现，就可以随心所欲地改变计划。

络，以便让他们知道你的现状以及活动安排。

🡆 住宿

一人徒步走在荒漠之中的想法听起来很吸引人，但在做决定之前一定要三思而后行。除非你是个有经验的野营者，否则还是去一些指定的野营地比较好。那些区域不仅更容易找到饮用水和盥洗设施，而且有更多的人可以寻求帮助和建议，因此更为安全。如果你打算住在旅馆里面，就参考一下旅行指南手册或咨询一下旅游信息机构以了解这一地区的特点。当然了，单独一人旅行还是住在比较靠近市中心的区域更为安全。

🡆 单人活动

如果你打算进行一次单人的徒步（或骑自行车、骑马、驾车）旅行，最好告诉某些人你的活动安排、行程路线和预期返回日期。万一你发生了意外，那些人可能就是你唯一的获救希望。进行登雪山之类的活动前一定要三思，特别是在天气情况恶劣的条件下。而诸如划独木舟之类的活动，单独一个人是绝对不能进行的。如果你要去参观某一个著名景点，则最好加入某个旅行团。这样不仅更安全，费用也比较少。

🡆 过边境时须知

作为一个单人旅行者，交友务必要谨慎，绝对不要接受那些不知里面装了什么的包裹和礼物，特别是在穿越国境的时候。有很多人都是由于为那些所谓的"朋友"携带了包裹而被送进了监狱，因为这些包裹中往往装有毒品或其他违禁品。

单人旅行的建议

单人旅行由于危险性较大，有时会令人却步。但是还是有一些方法能够将危险降低到最小程度。

⊙不要打扮得像个游客，如脖子上挂个照相机。

⊙穿戴要普通，不要穿名贵的衣服或戴珠宝。

⊙当遇到陌生人的时候，要谨慎，不要随便向对方透露你的身份。如果对对方心存疑虑，则最好假装成是和朋友或团队一起来的。

⊙不要告诉陌生人你的住宿地点。如果要与一个新朋友见面，最好安排在公共场所。

⊙如果饮酒，注意不要过量，以免喝醉了没人照料。

⊙如果天黑后外出，尽量待在那些光线较亮的街道。

第2章 ▶ 基本装备

　　如今市场上各类旅行装备应有尽有，足以让你在世界上的任一偏远地区能舒适地待上几周。当然，有些装备的价格比较昂贵，而且其中一些太过专业，对于大多数旅行者来说不太需要。装备恰当的关键在于是否带上了必需的器具。绝对不要携带不必要的物品，这一点非常重要，特别是背包旅行的时候。当然，即便是用车装载，如果你的行李超载过重的话，也会妨碍旅行的进程。

• 野外生存必备手册

选择装备

合适的基本装备对于旅行的舒适和安全是十分重要的。在考虑需要哪些装备时，要把旅行目的地的气候和地形状况以及计划实施的活动等因素考虑在内。此外，还要考虑携带装备的方式。因为携带方式将决定你所能携带装备的体积和重量。

➲ 如何获得装备

户外活动装备的商家销售适合用于各类气候和地形状况的装备。在选购新的旅行装备时，你首先得明确自己的需要，根据需要来做出合适的选择。很多装备的价格都比较昂贵，因此许多人并不能一下子把所有的装备全都购齐，而是逐年添置一些，以免给自己带来太大的经济压力。如果是第一次野外旅行，建议你尽量向朋友或一些野外探险团体借齐各种装备。这样一来，除了比较省钱以外，你还可以从他们那儿获得一些关于野营的经验——他们会告诉你哪些是重要的，哪些是不重要的。在借野营装备的时候，务必跟物主达成一个书面协议，在上面写明各种装备的价格以及失窃

↑在骑自行车旅行的时候，戴头盔、手套，穿合适的衣服和鞋子是十分重要的，即使是一次短途旅行也应如此。

或损坏如何赔偿。此外，你还应该给所有的物品上保险。

衣服与鞋子

穿着适合户外活动的衣服是为了让你更容易适应旅途中的各种天气状况。毫无疑问，你所准备的衣服必须要适合旅行地的气候状况。这一点是很重要的。此外，户外衣服还要结实耐穿、易干、分量轻、体积小。如果你是背包徒步旅行，这些就显得尤为重要了。鞋子要能防水、防泥沙，而且能确保你安全地进行各类活动。千万不要为了时尚好看而忽视了舒适性和安全性，这可能将导致一次不愉快的旅行，甚至使你的生命处于危险之中。

野营装备

野营工具是野外旅行的各类装备（如指南针、地图、水壶、手表、炊具、洗涤工具）中最为核心的部分。其中一些，如指南针是野外旅行中不可或缺的重要装备。如果你的空间有限的话，那么像充气枕头之类的奢侈物件就不要带了。团体装备中也许还应包括一些学习资料和用于准备食物的炊具。关于该项的更多信息，详见本章"个人野营装备"与"团体野营装备"这两节。

基本生存装备

在一些紧急情况下，是否拥有一些重要的救生装备将决定你的生死。关于该项的更多信息，详见本章"基本生存装备"一节。

帐篷

帐篷也许是各种野外旅行装备中最昂贵的，因此你必须要弄清楚自己需要哪种类型的帐篷。一顶好的帐篷应当具备易于搭建、方便携带、能防风雨、空间宽敞等特点。但是很少有帐篷能同时符合以上全部条件，因此你得根据需要做出折中。

睡袋

合适的睡袋能够让你在晚上较好地休息。考虑一下你将在何地以及何种情况下使用睡袋，然后再据此选购一条最适合并且你能买得起的睡袋。

背包

好的背包应该能让你在背着行李的时候感觉舒适。你需要的背包类型取决于你所从事的活动以及你需要携带多少东西。有些背包上附有的腰带、垫塞、侧带等虽说也十分有用，但同时也会增加质量而且更贵。是取是舍，就看你的实际需求以及你的经济承受

工具

野外生存中，携带某些工具是十分有用的，即使你的工具箱里只有一把小刀也总比没有好。当然，你得了解一下相关政策以确保自己携带的工具是合法的。比如弯刀、大刀、照明弹，也许有些地方会允许你携带，但你不能在公共场所随身携带。任何被归为枪支类的物品都必须经过官方的枪支认证。有关该项的更多信息，请详见本章"工具"一节。

←背包旅行的时候，你应该携带那些轻便并且易于打包的物品。

远足与野营的基本装备清单

以下所列是温和气候条件下进行3～4周远足和野营旅行的装备清单。

衣服和鞋子
⊙内衣裤。

⊙保暖背心、长内衣裤。
⊙棉T恤。
⊙棉袜。
⊙羊毛袜。

- 短袖衬衫。
- 长袖衬衫。
- 羊毛衫或拉链式抓毛绒衫。
- 长裤。
- 短裤。
- 轻便防水服。
- 风衣。
- 防水裤。
- 备用鞋带。
- 轻便的软运动鞋或橡胶平底人字拖鞋。
- 游泳衣。
- 结实的带子。
- 抓毛绒或羊毛手套。
- 抓毛绒或羊毛帽子。
- 宽边太阳帽。
- 太阳镜。
- 汗巾或围巾。
- 一套连鞋子的智能衣服。
- 睡衣。

个人装备
- 指南针。
- 地图。
- 手表。
- 水壶和其他装水的容器。
- 哨子。
- 棉质藏钱腰带。
- 背包。
- 日用型睡袋。
- 帐篷。
- 睡袋。
- 睡垫。
- 小储物包和垃圾袋。
- 小刀。

- 手电筒和备用电池。
- 两个盘子或一套军用饭盒。
- 杯子。
- 刀、叉、汤匙。
- 擦碟干布。
- 平底锅洗涤剂。
- 罐头开启器。
- 肥皂或洗衣粉。
- 衣夹。
- 小型轻便折椅。
- 拐杖。

洗漱用品
- 毛巾。
- 肥皂。
- 牙刷。
- 牙膏。
- 镜子。
- 梳子。
- 洗发水。
- 卫生用品。
- 剃须刀和剃须泡沫。
- 唇油。
- 除臭脚粉。
- 锌油或蓖麻油润肤乳。
- 防晒霜。
- 驱虫水。
- 纸巾。
- 湿巾。
- 脸盆。

杂物
- 护照。
- 车票。
- 现金、旅行支票、信用卡。

⊙接种证明书。
⊙修理工具箱。
⊙相机、备用电池和胶卷。
⊙手机。
⊙双目望远镜。
⊙两份备用的护照复印件。
⊙其他证件的复印件。
⊙记事本、钢笔和铅笔。

个人急救工具
⊙各种型号的敷料贴布。
⊙扑热息痛药品。
⊙处理水泡的工具。
⊙晕车（船）药。
⊙各种型号的消毒纱布。
⊙绷带。
⊙小剪刀。
⊙体温计。
⊙钳子。
⊙别针。
⊙一次性手套。

　　对于更为恶劣的天气情况，还需添置以下物品。

炎热气候所需的额外物品
⊙净水器。
⊙防疟疾药。
⊙驱虫网。
⊙蚊帐。
⊙行军床和吊床。
⊙睡袋的棉衬垫。
⊙被单。
⊙弯刀。
⊙额外的水壶。

严寒气候／雪天所需的额外物品
⊙保暖内衣。
⊙绒毛或抓毛绒的拉链式短上衣。
⊙防水并且防风的短上衣、裤子，或纤维面料的上下身相连的衣服。
⊙巴拉克拉法帽。
⊙衬里手套。
⊙抓毛绒或羊毛连指手套。
⊙外戴手套。
⊙长及膝盖的绑腿。
⊙雪鞋和雪靴。
⊙带钉鞋底。
⊙攀岩吊带。
⊙破冰斧。
⊙小帐篷。
⊙太空毯。

　　对于划船和骑车旅行，还需添置以下物品。

划船旅行所需的额外物品
⊙小船。
⊙救生衣或救生圈。
⊙头盔。
⊙保暖棉T恤。
⊙保暖棉裤。
⊙有帽的薄防风衣和防水裤。
⊙凉鞋、轻便的软运动鞋或橡胶靴子。
⊙划船穿的防水服。
⊙防水的工具箱和容器。

骑自行车旅行所需的额外物品
⊙自行车。
⊙头盔。
⊙手套。
⊙轻便的软运动鞋。

第 2 章 基本装备

适用于温和气候的衣服

世界范围内的温带地区包括欧洲、北美洲和新西兰等地。这些地区的平均气温都在 -14～37℃ 之间。这一地带的气候特征是：夏季炎热有阵雨；冬季湿冷，在海拔高的地方还会下雪。虽然这一气候带的天气并不十分极端，但是比较多变。因此你需要适时地增减身上的衣服。本节只介绍在温和气候穿的衣服。

➲ 逐层着装

在温和气候条件下，最佳的着装方式是逐层着装，让身体有最大的灵活性。穿几层薄衣服要比光穿一层厚衣服的保暖效果好。如果你感觉热，你可以脱掉一层衣服或者打开最外层衣服的拉链以便散热。如果你感觉冷，你可以再加一层衣服或者拉上拉链。如果下雨了，你应该马上穿上防水服，以防最外层的衣服被弄湿。雨停之后，应马上脱掉防水服，不然会感觉很热。

第 1 层

棉质内衣：夏季可以穿背心或 T 恤；春季或秋季可以穿长内衣裤。

第 2 层

选择一件可以根据天气变化卷放袖子的长袖衬衫。在天气温暖的时候，穿一件棉质衬衫会比较凉快；春秋季节则穿羊毛衫更保暖一些。裤子要穿宽松的，面料为棉的或合成纤维的。当然也可以穿短裤，但是务必要带上长裤，以防天气突然转冷。

←要根据你预期的天气状况穿衣，务必携带各种衣服和装备，以防天气的急剧变化。

第3层

可以穿一件轻便的抓绒短上衣或长袖羊毛衫,或者将其放在帆布背包里面,根据天气情况随时拿出来穿。

最外层

温和气候有时候会比较潮湿,因此你需要一件防水风衣——最好是袖子里有袖口、领子比较严实并且有帽子的那种。此外,你还需要带上防水的裤子。最外层衣服的面料最好是可透气的纤维,可以是合成纤维,也可以是天然纤维。不可透气纤维面料的衣服容易使人感觉闷热并且出汗,因此穿起来不太舒服。

➡ 鞋子

穿什么样的鞋子也是依据具体情况而定的。有时候即便是在温暖的夏天,一些小道仍然是泥泞的。这时,你就应该在靴子上面绑上短绑腿或者是长及膝盖的绑腿,以保持小腿部位的干燥和清洁。袜子应当是棉的或羊毛的,可以根据需要穿1～2双。

➡ 其他

太阳帽或棒球帽能够保护头部免受阳光灼射;而羊毛帽子可以盖住耳朵,天冷或风大的时候能保暖。春秋季节,在脖子上围一块羊毛围巾也是很有必要的。此外,你还应该在背包里放上一双羊毛或纤维的连指手套,以备休息时戴在手上,给手部保暖。

↓在温带地区,准备一件好的防水和防风的外衣是很重要的,因为温带地区经常会有阵雨。

第 2 章 基本装备

←轻便的棉质长裤穿起来很舒适，而且弄湿之后，干得也很快。

↓在防水外套里面穿上一层抓毛绒的拉链上衣，感觉会比较温暖舒适。

↑棉质T恤比较实用，四季都可以穿。

↓纤维手套能够防水保暖，戴起来比连指手套更灵活。

↑在帆布背包里放上羊毛连指手套，以备在途中休息时戴在手上保暖。

↓围一块羊毛围巾能够有效地抵御寒风。

↓抓毛绒帽子能够有效地保暖，因此你应该在帆布背包里放上一顶抓毛绒帽子，以备气温下降时拿出来戴。

↓当道路泥泞时，在靴子上面绑上绑腿以保持小腿部位的干燥和清洁。

↓棉质太阳帽能够保护头部免受太阳的强光灼射。帽子上的气孔有利于散热，从而减少出汗。

↑高温天气下，围一块折叠毛巾能够有效地吸汗。

■ 野外生存必备手册

适用于湿热气候的衣服

湿热地带的气候特点就是高温和潮湿，生活在这种环境下很难让人感觉舒适。这一气候带分布于南美洲、北美洲、非洲、亚洲和大洋洲等地的近赤道地区，平均气温为20～30℃。湿热气候带的典型植被通常是热带丛林。丛林中有许多树木都带刺，其中有一些还有毒。因此，去这些地方之前，你得从头到脚地把身体裹严实了，以免在那种危险的环境中受到伤害。

湿热气候环境下所穿的衣物必须都是棉质的，因为棉布的透气性较好，有利于保持身体凉爽，并且干得也比较快。你得准备两身衣服：一身在白天干活或赶路的时候穿，另一身干净的则在晚上营地里穿。

↑湿热气候环境下，时刻需要对身体做好从头到脚的防护，即便是穿越溪流的时候，脚上也要穿着靴子。

白天的时候，如果你把所有的东西都放在一个背包里面，备穿的衣服必须要用防水的袋子装起来，否则潮气会把衣服弄湿。根据旅行时间的长短，你得做好旅行期间洗衣服的准备，以避免携带大量衣服。

➲ 内衣

与在燥热环境下一样，在湿热环境下棉质内衣同样是穿起来最舒适的内衣。内衣的选择要以合身为标准，注意不要穿过紧的内衣，以防束缚

↑丛林环境中的高温湿热让人感觉十分不舒服，而且其中有许多致命的植物和昆虫。

第 2 章 基本装备

防昆虫叮咬

在手上和脖子上喷上驱虫剂，但注意不要让驱虫剂接触到眼睛及其周围部位。另外，额头上也不能喷驱虫剂，因为额头上出的汗会流到眼睛里去。手腕上可以戴上驱虫带，但每隔几天要更换。你还可以在鞋帮、鞋眼以及帽子的孔眼等处喷上驱虫剂。当你中途休息的时候，你就应及时做好上述部位的喷洒工作。因为当你不断地在丛林中穿梭的时候，驱虫剂的效果也在逐渐消失，所以必须在休息的时候再次喷洒。此外，好的头罩也能够起到很好的防护作用。但是头罩只能在休息的时候套在帽子上面，在行进途中则不要戴，因为其很容易在灌木丛中被钩破。

身体。

内衣的式样越简单越好，装饰越多，皮肤擦伤的危险越大。衬衫里面可以穿一件棉质的背心或 T 恤，以利于吸汗。

➡ 衬衫

选择一件中性色的棉质长袖衬衫，穿的时候要把袖子全部放下来，以防手臂被荆棘和昆虫弄伤。此外，衬衫上最好有一个大口袋，可以用来放一些常用的物品，如驱虫剂。在湿热气候的环境下，外套是不需要穿的，因为那里持续高温且很少有风。

➡ 裤子

尽管该地带的气候炎热，但你的下半身还是要穿严实了，并要把裤脚塞进袜子或靴子里去，以避免腿脚被昆虫叮咬。放在裤子口袋里的东西很有可能被潮湿的空气或汗水所浸湿，因此一些重要的东西（如地图、证件）

↑一件能够紧扣起来的长袖棉质衬衫可以很好地保护身体免遭植物和昆虫伤害。

↑选择一件耐穿的宽松棉质长裤，最好是那种裤腿上有大口袋的裤子。

↑一顶宽边的遮阳帽能够保护头部免遭某些植物和昆虫伤害；帽子要有透气孔和可系的绳子。

要用防水的袋子包起来。

🢂 鞋子

在泥泞且不平坦的丛林小道上行走时特别需要一双好的鞋子来保护你的双脚。专业的丛林鞋要比一般的步行鞋好,因为它们是根据丛林环境而特别设计的(详见本章"鞋子"一节)。

↑穿丛林鞋的时候,脚上务必要穿一双薄的棉袜。并且要尽量做到每天更换干净的袜子,以保持脚部的舒适。

🢂 其他

遮阳帽有助于保护头部和面部免受荆棘和昆虫伤害。宽边型的遮阳帽是最理想的,帽子上还应该有透气的孔眼以利于减少头部出汗。戴的时候,要用绳子在下巴处系住,以防被一些低垂的枝杈碰掉。另外,在脖子上围一块棉质大手帕或毛巾,用来吸汗,并能防止颈后部被烈日晒伤,也可防止昆虫从衬衫领口爬入。

↓预测天气状况并准备好相应的行装是在丛林环境下合理着装的秘诀。

适用于干冷气候的衣服

世界上的干冷气候带分布于欧洲、北美洲、南美洲、亚洲和非洲等地的高海拔地区，其地表特征大都表现为冰雪覆盖的山地，平均气温为 $-56 \sim 18℃$。在这一气候带的穿着应以保暖为主，当然也不要穿得太过厚重。

逐层着装

为了保持体温，你需要采取灵活的逐层着装方式。这样可以根据具体情况方便地加减衣服。

第1层

第1层应该穿长袖的保暖内衣（面料为天然纤维或合成纤维）。内衣要紧贴身体，但也不要过紧。至少准备两套内衣，以备替换。

第2层

上身穿长袖带扣隔热衬衫，下身穿厚实的裤子；或者穿一身带松紧口的高领连体服。衣袖和裤管都应该能够卷起来，以便适时地调节体温。第2层衣服的面料可以是合成纤维或天然纤维，天然纤维的优点在于透气性较好以及利于吸汗。

一些必须存放在零上环境下的物品，如指南针，应该放在该层衣服便于拿取的口袋里面。

第3层

如果你是徒步旅行，那么你可以在途中适时地增添或减少一些衣服，如羊毛衫或抓毛绒上衣。当你打算从事一项不太方便换衣服的活动时，你最好穿着登山连体服。这种衣服可遮住手腕，更为防风保暖，且不会影响身体活动。其胸口部和肩部留有一定的空隙，在尽量减少身体热量散失的同时也有利于在出汗的时候散热。

最外层

最外层应当穿拉链式防水外套以及有透气性的防水防风的登山裤。外套的袖子应放至手腕部位遮住手套；外套上应该连有帽子；此外，带扣子的大兜也是十分有必要的。

↑冰雪常常是干冷气候地带的特征，但同时那些地方的太阳光照也比较强烈。因此你所穿的衣服需要较宽松，让身体有一定的灵活性。

⇨ 鞋子

在干冷气候环境下，需要穿两双羊毛袜，其中一双最好能拉长至膝盖处，以确保没有皮肤露在外面。

在该种环境下，理想的鞋子是皮质的登山鞋，其鞋帮要有隔热作用并且高至膝盖部位，或者是有弹性的雪鞋。袜子和鞋子不要过紧，过紧会造成脚部血液循环不畅，会使脚感觉更冷并且更易被冻伤。

⇨ 其他

头上要戴一顶毛线帽或羊毛的巴拉克拉法帽。戴的时候，务必把耳朵和脖子都捂住。在异常寒冷的时候，你还可以在羊毛帽子里面再戴一顶丝质的巴拉克拉法帽，可以起到很好的防风作用。

与身体的其他部位一样，双手也要戴好几层手套。在异常寒冷的时候，需要戴3双手套：第1层是丝质手套；第2层是羊毛或毛线手套；最外层是防水防风的连指手套，以覆盖外套与第2层手套之间的连接处。

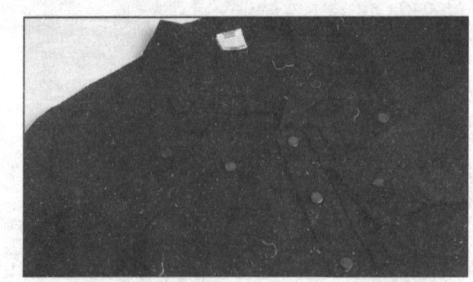

↑第2层衣服可以穿一件棉质衬衫。当你感觉热的时候，可以把袖子卷起来。

第 2 章 基本装备

→第3层可以穿一件轻便的抓毛绒上衣，根据天气的变化来脱掉或穿上。

→穿裤子的时候，应该把衬衣塞进裤子里面去。裤子上的拉链口袋可以用来放一些常用的物品。

→一件带帽子的防水风衣外套是抵御寒冷的第一防线。

↑在天气比较寒冷的情况下，可以在连指手套的里面再戴上一双抓毛绒手套。

→一顶这样的羊毛帽子可以覆盖整个头颈部位，舒适且温暖，对耳朵能起到很好的保护作用，而且不会被风刮落。

←双手的最外层戴上一对防水的纤维连指手套，能够提供很好的保护。

→这种防水的登山裤能够很好地抵御雨（雪）的侵袭。但是，一旦雨（雪）停了就要马上脱下来，以防出汗。小腿部位的拉链使得这种裤子在穿着鞋子的时候也很容易穿上。

鞋 子

对于双脚的舒适性和安全性来说，鞋子将是你各项装备中最重要的物品之一。穿鞋子必须要合脚并且感觉舒适。如果你专为旅行买了一双新鞋子，那么你需要在出行前试穿一段时间，以便让新鞋更合脚。

➡ 新鞋

即便你在商店试鞋的时候感觉很舒服，在正式穿着它出行前还是得有一段磨合时间。也就是说，穿一段时间以后让新鞋更合脚。新鞋经过这样一段磨合期后，穿起来就不会有任何不适感了。一些有经验的步行者认为：一双皮质的步行鞋至少要穿着走160千米，才能合脚；而一双轻便的布料鞋则需要经过80千米路程的磨合。

➡ 舒适度

可供选择的鞋子类型非常多，你需要考虑的是什么样的鞋才适合你所前往地区的地形和气候环境。有些鞋子是专门针对某些特殊地形（如山地、沙漠、丛林）要求设计的。这类鞋子是不可随意穿的。如果穿上不适合特殊地形的鞋子，你的双脚不仅得不到有效的保护，还容易受伤。

➡ 步行

如果你将在一条路况较好的道路上步行，并且可预期的天气状况也比较温和干燥，那么你只需要穿普通皮质或布

↓不要指望一双鞋子能够适应所有类型的野外远足，如今的鞋子都是专门针对特殊地形而设计的。

靴子的保养

靴子是旅行装备中的重要物品之一，因此需要注意保养，以便穿得久一些。为了让靴子保持良好的防水性，在出行前要在靴子上涂一层防水油。皮靴需要涂两层防水油或其他销售商所推荐的防护品，布料靴子则推荐使用含硅的防护品，喷或抹均可。

↑轻便的现代布料靴穿起来非常舒适,特别是在天气好的情况下。

↑皮靴比较结实耐穿,在长距离步行的情况下能够对脚起到较好的保护作用。

料的步行鞋就可以了。很多人觉得穿普通的步行鞋比穿那种特殊的靴子要舒服得多,特别是在天气温暖的情况下。但在气候潮湿并且道路泥泞的情况下,普通的步行鞋就不那么合适了,因为它们对脚踝的支持性较差。当然,它们还有一个优点就是干得很快。

对于一次在潮湿或干燥天气下的低强度步行或者穿越一片湿滑的空旷地区,你可以穿轻便的布料靴子或步行皮靴。如今,布料靴子已成为皮靴的替代品。因为它们穿起来更为轻便和舒适,对脚踝也有良好的支持作用,此外鞋底也具有良好的防滑性。步行皮靴是经典的多用途的鞋子,它们比布料靴子更结实耐穿,而且通常情况下防水性能也更好。

➡ 山地

山地比较不平坦,因此需要谨慎选择所穿的鞋子。皮质的步行鞋或登山鞋有厚实的鞋底,在崎岖的路况下能够对脚起到较好的保护作用。此外,靴子要具有良好的隔热保暖效果,其鞋舌要能够防止雨雪进入。

➡ 沙漠

专业的沙漠鞋能够有效地保护双脚免受灌木和昆虫的伤害。其鞋帮通常采用的是小山羊皮或帆布面料,且鞋底也比较厚实,因此能够抵御地面上的荆棘。有些鞋子的鞋底比较光滑,有些则有棱纹。但是在沙漠地形下,鞋底有无花纹并不重要,除非你打算进行登山或一些其他活动。

←较高的鞋帮和结实的鞋底使得沙漠鞋能够有效地保护脚底和脚踝免受荆棘和细小沙石的伤害。

➲ 丛林

专业的丛林鞋具有结实的橡胶鞋底，能够抵御丛林地面的湿气，其帆布鞋帮使脚能够更好地透气而且保持干爽。丛林鞋的鞋帮一般都高于脚踝，你可以把裤子塞进鞋帮里面以防止腿部被水蛭或其他一些昆虫叮咬。丛林鞋要有单向的透气孔，以利于鞋内水分的排干，同时也能够阻止昆虫进入鞋内。此外，鞋舌也要能够阻止昆虫进入鞋内。丛林鞋的鞋底花纹要较宽较深，以便在泥泞的路况下防滑。

→丛林鞋具有良好的防滑性，干得快，透气性较好，且能防止昆虫进入鞋内。

↓在又湿又冷的天气状况下，穿上布料高帮套鞋能够保持小腿部位的温暖和干燥。

➲ 雪地

世界上许多高山地区终年冰雪覆盖。如果该地区的积雪很深或者既有雪又有冰，那么地面肯定会很不平。在这种环境下，你所穿的鞋子必须足够结实并且要绑上鞋钉以防滑倒。

如果你知道自己将穿越积雪很深的地区，那么最好穿雪鞋——其塑胶外层里面还有一层保暖内层。雪鞋的保暖内层在严寒气候下具有很好的隔热效果，而且这种鞋子可以绑上带钉鞋底。这样一来，其防滑性能就更好了。当然，雪鞋的橡胶外层也让它很不灵活，会约束身体动作。但是在冰雪覆盖的环境下，最好还是穿专业的雪鞋，并且要绑上带钉鞋底。同时你也要对其缺乏灵活性的缺点做好心理准备。雪鞋的另一个优点是其保暖内层能够分离出来。这样一来，在气候异常寒冷的时候，你就可以在帐篷里单穿它的保暖内层以抵御严寒。

←塑胶雪靴由内外两只鞋构成：外层是塑胶靴，内层是保暖靴。这种靴子特别适合在积雪很深的环境中穿。

←在雪地上步行，你需要穿厚重的皮质登山鞋。

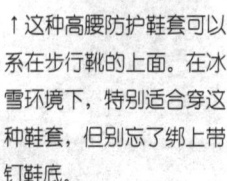

↑这种高腰防护鞋套可以系在步行靴的上面。在冰雪环境下，特别适合穿这种鞋套，但别忘了绑上带钉鞋底。

个人野营装备

在旅途中,你会需要一些关键工具来完成一些日常普通的任务。这些工具也就是你的个人野营装备。也许你会觉得本节所列的一些器具与你的旅行关系不大,而你需要的是另外一些器具。但是在你整理行装的时候,本节所列的一些器具还是可供参考的。

指南针

指南针是重要的导航工具,指南针有必要人手一个,而且每个人都应该知道如何正确使用指南针。万一你与大部队失散了,指南针可能是你找到安全之路的唯一指望。很多人发现,量角器指南针要比棱镜指南针好用。指南针是常用物品,请务必保管好你的指南针。要放在手边,如放在衣服口袋里、系在皮带上或挂在脖子上。关于该项的更多信息,请参见本书第3章。

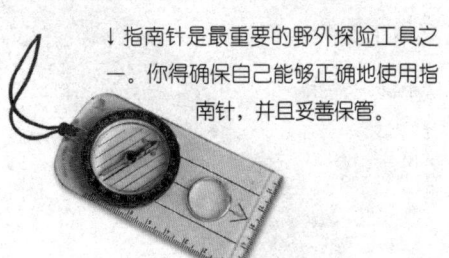

↓指南针是最重要的野外探险工具之一。你得确保自己能够正确地使用指南针,并且妥善保管。

地图

当你在野外探险的时候,拥有一张好的地图是十分重要的。当然,只有在你懂得如何看地图的前提下,地图才会有用。平面图上通常标有详细的道路路线和城镇位置,因此它是你规划行程路线时的一个重要工具。但是如果要了解某地的地形状况,你就需要一张地形图(野外旅行的标准式地图)。你所需要的地图比例尺应大于1∶100000,这样的地图才能比较好地显示详细的地貌特征,以便你进行正确的导航。务必把地图放在合适的地方。当天气比较潮湿的时候,最好把地图放在防水的箱子里。关于该项的更多信息,请参见本书第3章。

水壶

野外探险的时候,饮水是一个重要问题。在没有水源的地方,你需要有足够的饮用水储备。因此,准备一个高质量的水壶是十分必要的,但应防止出现水壶漏水(特别是在远离水源的地方出现这一事故是十分糟糕的)。如今有多种容量的水壶可供选择。一般来说，1升左右容量的水壶比较合适，带在身上不会觉得太重。水壶的盖子最好和壶身连在一起，这样盖子就不容易丢失了。此外还应注意，壶盖处也是一个易于漏水的部位。

➡ 净水器

如果你不清楚将前往地区的水源是否干净，那么最好带上净水器。净水器在一般的户外用品商店都能买到。将水倒入净水器中，经过大约15分钟的消毒净化之后，水就可以倒出来安全地饮用了。

→将不纯净的水倒入这一净水器的过滤器中，干净的水就会慢慢地滴入下面的瓶子中。

➡ 现金

旅行途中，将你的现金和护照放在棉布钱包里，而钱包则放在衣服里面的口袋中。这样一来，既不会很显眼，又能在需要时方便地拿取。为了以防万一，你需要在钱包以外另外存放一些小面额的现金，以备应急之用。

货币的选择取决于你所前往的目的地，但也要携带一定数量的途经国的货币。如果你所前往的某个国家的货币在你本国不能兑换到，那么一般来说，携带美元总是比较有用的。比如你可以携带面额为10美元和1美元的总计100美元的现金。因为，世界上的大多数国家都是接受美元的。

➡ 手表

当你身处野外的时候，别忘了带上手表。除了能看时间以外，手表还可以用来检验你是否在规定的行程之中。当到达一个计划中的休息点的时候，你有必要看一下时间以核对自己是否符合当日的行程计划。如果你没有在特定的时间到达某一既定地点，这很可能意味着你在行进途中拐错了一个弯。

➡ 手电筒

当你在昏暗的光线中看地图的时候，手电筒是十分重要的。如果背包的空间比较大，则最好再带上能固定在头部的探照灯。这样，能让双手空出来更方便地做一些事，例如在黑暗中搭帐篷或换车轮胎。

→手电筒要尽量选择体积小并且能防水的那种。

第 2 章 基本装备

▣ 电池

除非你确定旅途中能够买到电池，否则就得为手电筒、收音机等准备充足的备用电池（包括碱性电池和锂电池）。碱性电池要比锂电池便宜，且适用范围也较广；而锂电池的使用时间更长，且能在异常低温的状况下工作。注意小心处理废旧电池，不要将其投入火中或埋入地下，因为电池里面的重金属会渗入土壤，造成环境污染；正确的做法是将废旧电池扔进专门的回收箱。

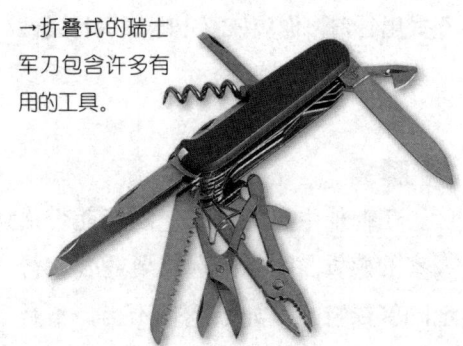

→折叠式的瑞士军刀包含许多有用的工具。

▣ 小刀

如果你的行囊中没有空间容纳一个综合性的工具箱，那么带一把瑞士军刀也会有用处。但是在上飞机之前，你要把小刀放在主要的工具袋里（飞机上是不允许在手提行李中放小刀的）。

▣ 餐具

野外探险需要带两只盘子（其中一只应为内部较深的），或者是带一套军用饭盒。军用饭盒的优点在于既能用来当餐具，也能用做炊具。此外，你还需要有个杯子（大约 300 毫升容量）。你要综合考虑各种材质餐具（塑料餐具、瓷餐具、铝餐具等）的优缺点。塑料餐具的优点是分量轻、不易损坏，缺点是遇火会熔化。而瓷餐具和铝餐具虽然更牢固，但分量比较重，而且盛上热东西的时候比较烫手。刀、叉、汤匙等餐具最好是铝质或强化塑料的。如果可能的话，你也可以买那些比普通餐具更为轻便的专业野营餐具。

▣ 帐篷

帐篷是旅行途中休息和睡觉的场所。帐篷的形状和大小有很多可供选择的范围，有许多帐篷是专为某些特殊情况设计的。你所选择的帐篷要适合旅行地的气候和特点。如果是背包徒步旅行，你还应该考虑到你能背多重的行李。

→军用饭盒既能当餐具也能当炊具，而且使用后折叠起来很方便携带。

←每个人都要有自己的一套杯、碗、碟等餐具。

正式出行前,你应该背上帐篷等行囊做一些负重适应训练。

▶ 睡袋

在野外生存的时候,睡袋能带给人家的感觉。睡袋的选择要适合旅行地的气候特点。如果选择不当,不是太热,就是太冷。要是在一些气候条件极端的地方,睡袋选择不当将会导致严重后果。在睡袋里面,你还可以铺上一层隔热的席子。

你得注意保管好睡袋,千万别把它弄湿了。

▶ 洗漱用品

除了肥皂、牙刷、牙膏、洗脸毛巾和梳子之外,你的洗漱用品还应该包括洗发水、指甲刷、指甲剪,如果需要的话还应该带上剃须刀以及剃须泡沫。所有这些物品都应该放在一个

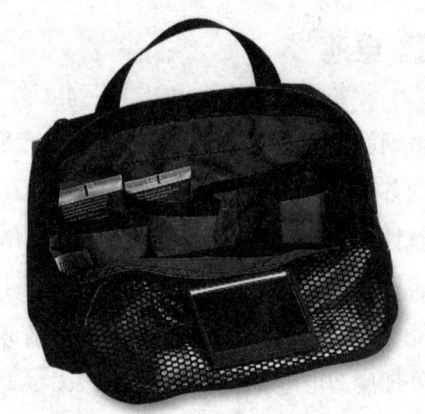

↑你的洗漱包应该包括你所需要的所有个人卫生用品。

防水的小包里面。如果你计划的野外旅行将持续好几周,则有必要在帆布背包里带一个综合性的洗漱用品箱,其中的洗漱用品应该能满足各项日常洗漱需要。另外,一些每日必用的洗漱用品应放在一个小袋子里随身携带,如浴巾、洗脸毛巾、厕纸等。除此以外,你可能还需要带上防晒霜、唇膏、驱虫液等用品。这些物品在高温下通常会熔化,因此要特别注意保存。

许多女性在外出旅行时很喜欢带上一些自己常用的卫生用品,因为她

↑不用睡袋的时候要注意保管,务必使其保持干燥。

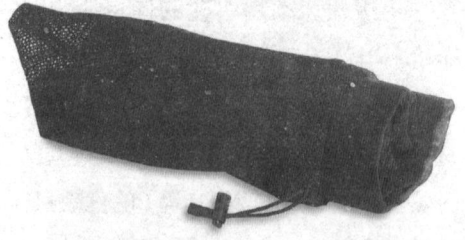

↑浴巾是必须要带的物品。同时,如果你的背包空间够大的话,最好再带上一块单独的洗脸毛巾。

第 2 章 基本装备

泻药、阿司匹林或扑热息痛（退热净）、消化药和电解质平衡粉剂等。此外，如小剪刀、灭菌手术刀以及绷带等物品也是十分有用的。

←面巾纸有许多用途，因此建议你在背包里携带足够的面巾纸。

电子产品

收音机虽说不上是一件重要物品，但它确实能够在漫长的旅途中为人们增添几分乐趣。如果前往国外进行野外旅行，其间又看不了电视或上不了网，那你就只能用一台短波收音机来收听一些当地或国际的电台节目当消遣了。

此外，照相机和手机也是很有必要携带的。照相机可以记录下旅途中的美景；手机能够方便联络，虽然在一些偏远地区有可能收不到信号。当

→务必携带一支防晒霜（防晒系数至少为25），特别是前往一些紫外线辐射强度比较大的高海拔地区时。

们怕这些东西在有些国家买不到。即使能找到这些东西，通常价格也不便宜。

急救用品

每一个准备野外旅行的人都要根据自己的需要准备好一些基本的急救用品。这些基本的急救用品应该包括各种型号的防水胶布、消毒纱布、腹

↑每一个团队成员都有必要携带一个装备完好的急救包，这一点是十分重要的。

←照相机和胶卷能够将旅途中的美景记录下来。

→手机有助于你和国内的亲朋保持联系，只要你能够适时地给手机充电。

然，如果你是前往国外，别忘了带上电源适配器（方便给电池充电）。

➡ 双目望远镜

在野外旅行中，双目望远镜十分有用，而且能为旅行增添不少乐趣。有了双目望远镜，你就能够远远望见前方的某些潜在危险，并且能够仔细观察到一些远处的花草树木；有了双目望远镜，你就能够在远处提前发现一些野生动物，而不去惊动它们；有了双目望远镜，你就能够确定远处的某块区域是否适宜作为营地，而不必亲自走近观察；有了双目望远镜，你就能够在高处判断出最佳的渡河位置。一些鸟类观察爱好者也许需要携带那种比较高级的望远镜，但对于一般人来说，带一副迷你型望远镜就足够了。

➡ 个人日记本、记事本等

纸张在受潮的情况下很容易被弄

←双目望远镜并非不可或缺的旅行工具，但如果你的行囊有空间装一副望远镜的话，你会发现它十分有用。

破，因此你应将一些本子放在防水的袋子里。你可以在日记本上记下旅行中所做过的一些事及所见所闻，这是非常有意义的。等到旅行结束，再翻看一下这些旅行日记，你仍会觉得很有意思。

➡ 针线盒

→记事本和铅笔所占的空间并不大，可以用来记录你旅途中的所见所想。

针线盒可以只有火柴盒那样大小，但里面应该包括这些东西：针线、一两颗不同大小的纽扣、别针、小剪刀。现在，这种轻便小巧的针线盒很容易在户外用品商店里买到。

如果你戴眼镜，那么最好再携带一些修理眼镜的小工具，以便自己能

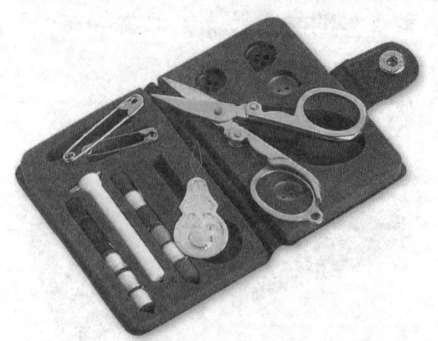

↑如果你带着针线盒的话，你就可以在野外缝补衣服了。

够修理一些小毛病。如果你的眼镜破了或丢失了而又配不到新眼镜,可以买一个放大镜将就一下,总比没有强。

▶ 洗衣工具

如果你的旅行将持续比较长的时间,并且需要在旅途中洗晒衣服,那么你还应该带上清洁剂、晒衣绳、晒衣用的夹子等物品。建议你把这些洗衣用品都装在一个塑料袋里。

▶ 旅途游戏

在行囊中带一些娱乐玩具绝对是一个好主意,可以供晚上或途中休息的时

> **贵重物品**
>
> 如果你携带了一些贵重物品,别忘了给这些贵重物品上保险。此外,你应该将这些贵重物品记在一张清单上,离开营地的时候核对一下,以防遗忘。

候消遣。当待在营地的时候,你们可以进行一些棋类游戏、球类运动。但如果你是背包徒步旅行,那么最好只带一副纸牌,因为纸牌体积小且质量轻。

记住,不要带那些容易损坏和被盗的贵重的电子游戏机。如果是和一群青少年一起旅行,你可以组织大家进行一些富有教育意义的团队游戏。这些计划在旅行前就应该想好,并且要记着带一些小道具,如铅笔、钢笔和记事本。

↑有了清洁剂和晒衣绳,你就可以在旅行途中洗晒衣服了。

↑扑克牌可供晚上在营地或在行程计划延迟的情况下作消遣之用。

野外生存必备手册

基本生存装备

进行野外探险时必须携带一些必要的生存装备。有了这些装备，即便在迷路或受伤，无栖身之所，并且缺乏取暖用的火和饮用水的情况下，你照样能维持24～72小时。有时候，是否拥有这些装备关乎性命。

这些必要的生存装备必须时刻带在身边，以备应对可能随时出现的危险情况。因此，它们一定得体积小质量轻，这样才方便随身携带，最好是绑在结实的腰带上。用来装这些装备的包裹里不要放其他物品，并且要经常检查包裹，看是否需要更换其中的一些物品。这些生存装备最好放在防水的袋子或有密封盖的小罐子里面。

当遇到危险时，你的当务之急是做以下事情。

· 保护自己免受自然环境的伤害。
· 生火。
· 储存并净化饮用水。
· 发出你所在方位的信号。
· 找到路。
· 做一些简单的急救处理。

你必须要学会使用自己携带的那些生存装备，这一点是非常重要的。这样你才能够在危机发生时从容应对。

▶ 栖身之所

当你遇到危险情况时，当务之急就是搭建一个能避寒的栖身之所。

太空毯

太空毯是一种轻质的毯子，它有3种用途：保暖、防晒、避雨。

帐篷包

所谓的帐篷包，也就是那种橘红色的大塑料包，质地很轻，有多种用途。天冷或风大的时候，可以钻入包中避寒取暖。此外，帐篷包还可作为防潮布或空中救援的信号（明亮的橘红色是一种十分醒目的颜色，易于辨识）。

↑太空毯有助于保暖，并有助于反射太阳辐射。

↑这种橘红色的帐篷包质地轻，体积小，具有多种救生用途。

第 2 章　基本装备

↓请尽量将你的各种生存装备压缩得小些，以便随身随带。

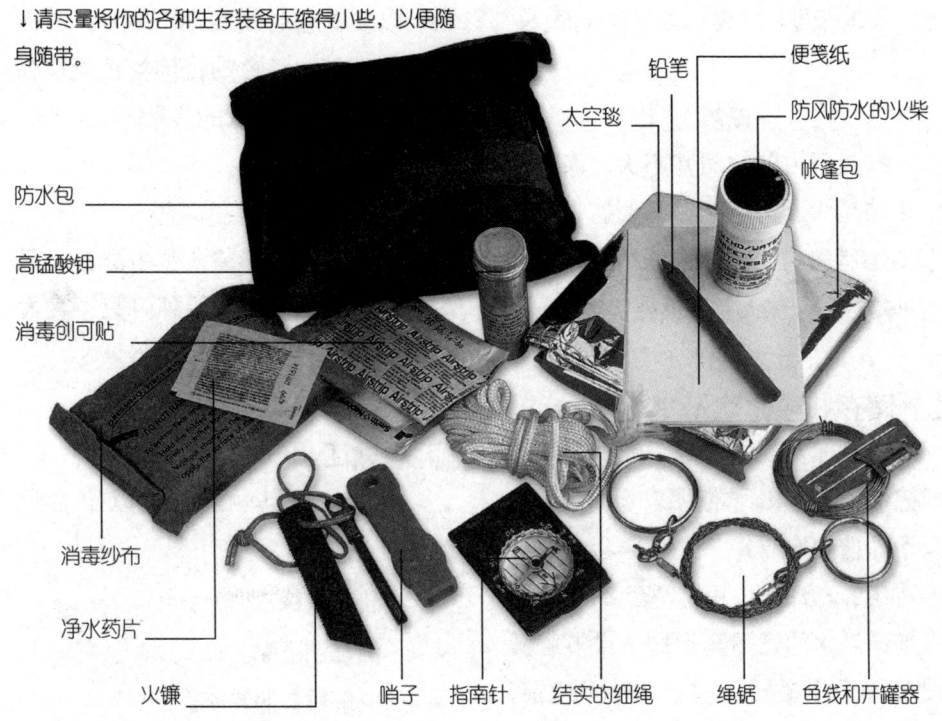

铅笔　便笺纸　太空毯　防风防水的火柴　帐篷包
防水包　高锰酸钾　消毒创可贴　消毒纱布　净水药片
火镰　哨子　指南针　结实的细绳　绳锯　鱼线和开罐器

↑你的生存装备包中应备有一捆结实的绳索。

绳索

当需要搭建一个栖身之所的时候，你就会发现降落伞绳十分有用。因此，在行囊中携带至少20米长的绳索。

绳锯

绳锯占的空间很小，当生火或搭建栖身之所时，可用于锯短树枝。

▶ 生火

你可以买一些现成的生火工具，或者自己做也行。火镰就是一种最有效的自制取火工具，或者是用凸透镜聚焦太阳光取火。你可以带一些棉絮，以备在找不到引火物的时候充当引火物。如果你备有火柴，就务必要保持

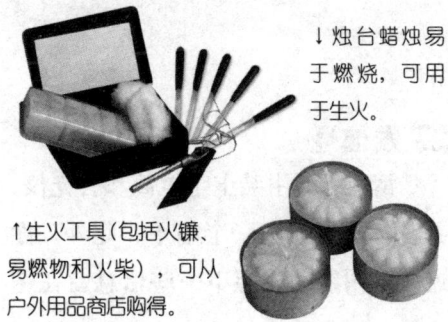

↓烛台蜡烛易于燃烧，可用于生火。

↑生火工具（包括火镰、易燃物和火柴），可从户外用品商店购得。

53

划火面的干燥，并要有备用划火面。

蜡烛

蜡烛所占的空间并不大，而且可以用来生火。但是请你不要携带那种以动物脂肪为原料做成的蜡烛，因为这种蜡烛在炎热天气下极易熔化。

储存并净化饮用水

一旦你发现了水源，就需要用容器把水储存起来。塑料袋和避孕套都可以用作储水容器；一只避孕套大概能够储存0.9升的水。用避孕套装完水后，再把灌满水的避孕套用袜子或裤管套起来，以防其破裂。这些水在饮用之前，必须经过消毒净化。高锰酸钾就具有净化水的功能（它还具有防腐作用，并可用来生火）。关于该项的更多信息，请参见第6章。

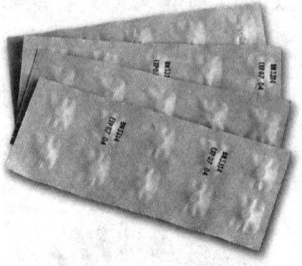
↑净水药片是一样至关重要的野外生存物品。

发信号

请在行囊中装上手电筒和日光仪，并在脖子上挂上一个哨子。此外，你还可以用纸和笔写下一些信息留在途中，以便营救者找到你。另外，前面说到的那种橘红色的帐篷包也能作为一种指明你所在位置的信号。

导航

建议你在生存装备包中准备一只备用的指南针，以防另外一只丢失或损坏。

急救工具

生存装备包中应包含以下急救物品。

- 胶布（橡皮膏）。
- 消毒创可贴。
- 电解质口服粉剂。
- 盐片。
- 绷带。
- 消毒解剖刀。
- 针。
- 线。

食物

一个人在不断水只断食物的情况下能维持5天，而在断水的情况下仅能维持1天。因此，当处于危险情况时，首要之急就是确保能喝上水。在生存装备中放食物是不太实际的，但是可以带上鱼线、鱼钩和鱼饵，这样你就可以自己钓鱼吃了。

团体野营装备

一个人数众多的野外探险团队，肯定会涉及到很多团体要使用到的装备和器具。由于团体装备牵涉到每一个团队成员，其丢失或损坏将影响到每一个人，因此要特别小心保管这些团队装备，如帐篷、运动器械和旅行指南等。

↓团队所拥有的各种地图对于探险活动的顺利进行十分重要，因此有必要指定某个人专门负责保管这些地图。

➡ 任务分配

一些团队使用的大件物品，如睡觉用的帐篷、炊具等，应该由几个人共同来保管，以便每个人都分担责任。这样一来，每个人都能知道谁保管帐篷A，谁保管帐篷B，这样做有利于减少某些重要部件丢失的概率，如帐篷桩。如果团队物品并不太多，并非每个人都会分配到保管任务，那么，为公平起见，可以采取轮流的方法，以便每个团队成员都承担一定的保管任务。

➡ 地图和旅行指南

诸如地图和旅行指南之类的重要物品一定要放置在营地中最安全的地方，只有需要的时候才拿出来。此外，最好指定团队中的一个人专门负责看管这些物品。

➡ 炊具

对于一个探险团队而言，集体解决伙食问题显然要比各自搭灶台生火煮饭来得更为方便。对于一个大的团队来说，生一堆大的营火能够提供更多烧煮大量食物的方法。这种做法也可以使得人们免于携带笨重的炉子，而且取暖也更为方便。当你们仅在某地逗留一夜的时候，也许你会觉得并

←诸如简便油桶之类的大容量的容器很适合作为营地的储水容器。

↑你可以在当地市场上购买一些便宜的炊具。这样一来，就可以免去携带这些笨重物品所带来的麻烦。

无必要生营火；但如果你们要在某地驻扎好几天，生一堆营火绝对是一个好主意。此外，一大群人围在营火旁边吃边喝也能增添不少野趣。如果你打算把炊具直接放在营火上烧，你得确定你带的炊具能承受得住高温加热。一些比较轻薄的炊具很可能会被炽热的营火烧熔化并把食物烧焦。要为整个团队同时准备伙食，你就得有适合团队人数的足够大的炊具。

如果你所前往的地区并不十分偏僻（能够通往当地市场），你便可以在当地市场上采购到一些便宜的物品，如平底锅、简便油桶、贮藏容器等。这也就意味着你不必在旅途中携带笨重的物品，并且还节省了行囊的空间。如果你是坐飞机旅行，这可能还将为你节省一笔额外的行李超重费。一旦你完成了炊具的采购，你就可以将其交给负责营地事务的队员了。

▷ 急救包

对于一个大的旅行团体来说，携带一个综合性的急救箱是十分必要的。当然每一个成员还应当携带各自的急救包。此外，最好让每一个团队成员填写一份健康状况表（过敏症及所需的药物等），并将这些表格放在急救箱里面，便于到需要的时候处理情况时使用。

建议你将各种急用和非急用物品按其各自的功用分门别类地放置,以便于各种日常处理,如水泡、伤口、瘙痒、头痛等。这有利于团队成员迅速地找到所需的医药品,而不会老是打开一些自己不需要的东西,因此像消毒纱布、绷带等医疗物品就不易被经常误拿而弄脏了。

存放急救物品的容器必须是防水防尘的,以免急救物品被污染或损坏。团队中每个成员都应该知道急救箱放在营地的哪个地方和由谁负责行进途中的保管。因此,对于一个较大的团队来说,最好指定一个人专门负责保管急救箱——及时补充必需的急救物品,并确保将各种急救物品摆放整齐。此外,团队中的急救员最好要具备最新的急救知识。

↓探险团队的成员需要各种各样的医疗用品;建议将这些物品分门别类地打包并贴上标签,这样在需要的时候就比较容易找到了。

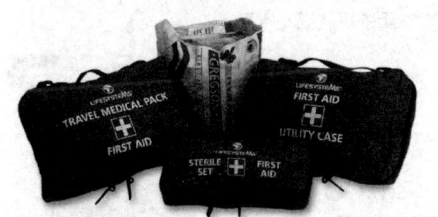

⇨ 工具

你得将各种工具明确分配给各个

> **所有权的问题**
>
> 如果探险活动中所使用的一些团体装备是用团队集体资金(包括团队成员的会费以及其他的赞助或捐赠)购置的,那么探险活动结束之后就得考虑这些装备的归属问题。是直接遗弃在旅行地还是送给当地的某些人或组织,或是存储起来以备日后的旅行使用,或是允许团队成员折价买走,也许还可以采取拍卖的形式,拍卖所得捐献给慈善机构。这一问题的解决方法在旅行前就应该达成一致。

↓这种探照灯比较适于野外活动,它可以让双手空出来干其他事情。有了这种灯,在黑暗中搭建帐篷就显得方便多了。

成员,让他们负责携带和保管。有许多工具是具有一定危险性的,如小刀、火柴、斧子等。这类工具一定要交由那些可靠的人保管,特别是在团队中有许多孩子的时候,最好将这些危险工具锁起来。工具保管者要确保其所保管的工具一直保持良好的性能状态,并能维持至旅行结束。

炉 具

按照使用的燃料不同，目前市场上大概有5种类型的野炊炉具。每种炉具都有其各自的优缺点，包括挥发性、气味、使用的方便性以及价格等。一般来说，你选择哪种燃料，就得相应地使用哪种炉子。当然也有些炉子可使用多种燃料。

在选择炉具的时候，要考虑使用炉具的环境。有些燃料在极端严寒的天气条件下会凝固，而有些燃料在高温环境下容易蒸发。因此炉具的选择取决于具体的使用环境。还有一点要注意的就是：在有些国家，你可能买不到合适的汽缸（用于灌装燃气）。

⇨ 煤气

煤气是一种使用最为广泛和最便捷的燃气，但其发生事故的潜在危险性也最大。通常有两种类型的煤气（液化石油气）：丁烷（比较常见的类型）和丙烷（适用于低温环境）。

煤气炉在不用的时候，务必关紧阀门，并将它放置在远离睡觉地点的通风处。当煤气罐在一个比较封闭的空间内发生泄漏并达到一定浓度时，里面的人会窒息而死，一旦遇到火星，还会发生爆炸。

⇨ 甲基化酒精

最流行的炉具是瑞典产的Trangia牌酒精套炉，它使用甲基化酒精为燃料，具有防风和稳固性好的特点。有的套炉还带有一个小型的煤气炉。这种套炉分为两种不同的型号，每种型号都配有一套野炊用的平底锅。

↑这种瑞典产品Trangia牌套炉以甲基化酒精为燃料，具有防风和稳固性好的特点。此外还包括一套野炊用的平底锅和水壶。

→这种煤气炉有多种型号可供选择。在使用的时候，最好用一些东西固定，以防倾倒。

甲基化酒精（甲醇）是一种清洁燃料，其燃烧的火焰经常呈透明状态。因此在点燃炉子的时候要格外小心，以防烧到别的东西。酒精一定要放在专门的燃料瓶里面。

▶ 煤油

煤油是一种以蒸气的形式燃烧的燃料。它需要通过其他燃料对其进行加热，然后才能蒸发出可以燃烧的气体。溢出外面的煤油就不能再进行蒸发了，而且还会挥发出难闻的气味，所以一定要将煤油储存在密闭的铁罐里。

煤油炉是一种相对经济的炉具，而且燃烧时的火焰也很大。然而，其缺点就是使用起来比较麻烦，一般得经过一段时间的使用才会习惯。另一个更大的缺点是：会把平底锅烧黑。

▶ 汽油

汽油是一种比较清洁的燃料，除非汽油里面含有杂质。汽油不像煤油那样需要其他燃料来加热。

汽油易挥发，其气味极其浓烈难闻，因此必须存储在专业的容器里面以防泄漏。汽油一旦泼洒到地上，很快就会蒸发掉，特别是在高温天气下。而且衣服上一旦沾染了汽油的污渍就很难洗干净。

↑如果你打算自行携带煤油或汽油，应该使用金属或塑料容器来储存。

▶ 固体燃料

固体燃料有两种类型：药片（六亚甲基四胺）和固体酒精。固体燃料通常也会散发出一股难闻的气味，而且其火势很难被扑灭（虽然在风大的时候可以作为一种优势）。此外，固体燃料很难调节火的大小，必须放在通风良好的地方使用。

↑煤油炉是一种相对经济的炉具，但使用起来比较麻烦。如果你之前并没有使用过煤油炉，需要在出行前练习一下。

↓汽油炉,用途广泛,操作简便,但价格较贵。

→风大的时候,可以在汽油炉的四周围一圈挡板,以提高煮饭的效率。

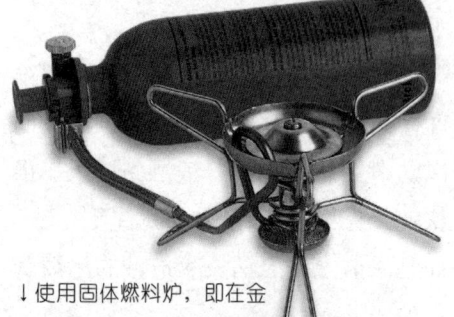

↓使用固体燃料炉,即在金属架子上放一块燃料。其最大的优点是携带方便。

↑有了这种野营烤箱,你就可以在营地里烤新鲜的面包了。当然这种烤箱肯定需要用汽车来携带。

警 告

无论你使用哪种炉具,都需要小心谨慎。所有燃料的燃烧都需要氧气,但同时它们在燃烧过程中又可释放出致命的一氧化碳。因此使用炉子的时候,一定要将其放在通风的地方。在往炉子里添加燃料的时候,一定要先将火熄灭。

携带备用的燃料

旅行途中,你一定要确保自己拥有足够的燃料。如果你将前往国外旅行,出发前你得打听好你的炉子所使用的燃料是否能在目的地买到。如果不能买到,你就应该换其他的炉子了。因为几乎所有的航空公司都不允许乘客携带可燃烧气体。

→固体燃料炉最初是为军队设计的,如今已为普通大众所使用。这种炉子特别适用于风大的环境下。

第 2 章 基本装备

炊 具

对于一次背包旅行来说，所携带的炊具自然是越少越好。当然，这样一来，旅途中的饮食也只能是简简单单了。但如果是在大本营，你可以搭起一个炉灶来做一顿相对丰盛的饭菜。为此，你必须携带上合适的炊具。

▶ 轻装野营

如果你是背包徒步旅行，那就只能携带一些比较重要的物品。食物是必不可少的，其最主要的功能是为你提供能量，你不要奢望这些食物能合你的口味。野外探险所携带的典型食品包括罐装食品、真空包装食品、脱水食品。此外，你最好再带上一套军用铝质饭盒（既可以当餐具，又可以当炊具），而且折叠起来后还不占空间。如果你带了罐头食品，那么还得带上开罐头的器具。一般来说，剪刀或小刀都可以用来开罐头。特别是瑞士军刀，可以作为临时性的厨房用具来使用。当然，如果是一次时间较长的野营，则最好带上一些比较正式的家庭厨房用具。

▶ 大本营

如果一个团队要在某地完成一系列的活动或调查研究，通常就会在这个地方搭起一个大本营。在这样的大本营里，人们可以做一些相对丰盛的饭菜。因为在某地搭建一个大本营就意味着将在这个地方驻扎较长的时间，这样就减少了频繁的移动所带来的麻

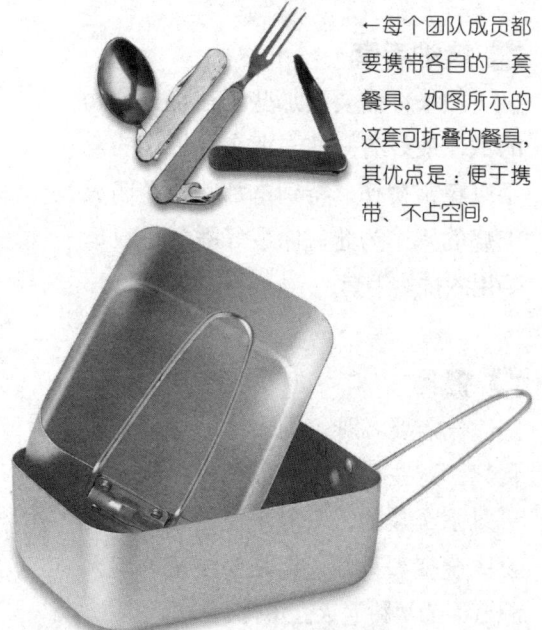

←每个团队成员都要携带各自的一套餐具。如图所示的这套可折叠的餐具，其优点是：便于携带、不占空间。

←这种军用饭盒的优点在于其中一个较小的饭盒可以放进较大的饭盒中，十分易于携带。起初是专为军队设计的，现在已广为普通大众所使用。

61

烦，携带比较多的炊具也就不会造成太多的不便。厨房用具要根据所使用炉子的类型来决定，两者要相互匹配。

▶ 蒸煮罐

蒸煮罐的大小要根据旅行团队的人数来决定。有些较大的蒸煮罐的容量9.0~13.5升。蒸煮罐的内部和外部都要保持干净。使用的时候，在罐口上盖个盖子可以节省煮东西的时间。

对蒸煮罐质地厚薄的要求，得看你是使用炉子还是使用明火来煮东西。那些质地比较薄的蒸煮罐禁不住明火的高温，通常只能放在炉子上使用。用于煎炸的平底锅通常要求其质地要比较厚实，因为煎炸食物必须要在高温下进行。

▶ 储水容器

一般来说，出于尽量减轻行囊负担的目的，轻装野营活动是不会自带饮用水的，而是于沿途临时寻找水源。但是，如果你是驾车旅行（也就是说行囊的重量不是问题），并打算在某地驻扎较长的时间或前往某个偏远地区，建议你最好自行携带大量的饮用水。饮用水可以用比较结实的塑料大桶来装。注意不要将饮用水装在存储燃料的金属容器里。

▶ 量杯

量杯有各种不同的型号，你可以根据团队人数的多少来决定量杯的型号。对于一个人数较多的旅行团队来说，你可以准备一个大量杯以及数个中小型量杯。

▶ 砧板

切各类生熟食物，如蔬菜、鱼类、肉类和面包时，都应有其各自单独的塑料砧板。每块砧板的颜色最好都互不相同，以便区分其是用于切哪种食物的。比如，红色的用于切肉，蓝色的用于切鱼，绿色的用于切蔬菜等。这种做法有助于避免食物交叉污染，减少食物中毒的概率。

▶ 烤炉手套

如果你需要端那些正在烧煮食物的锅，最好有一些东西来保护你的双手以免被烫伤，特别是那些放在明火上烧的锅。为此，你最好准备一双烤炉用的抗热手套。

▶ 餐具

你需要各种不同大小的餐具来盛食物。这些餐具既可以是塑料的，也可以是金属的。一般来说，塑料餐具要比金属餐具轻，但是要注意远离火源（因为塑料遇火会熔化）。

第2章 基本装备

↓炊具的选择取决于你所能携带的行李的重量以及你准备烧煮的食物类型。

←当你要端起那些正在蒸煮食物的锅子时，你需要戴上一双烤炉抗热手套来保护双手。

←野营炊具包括一系列不同型号的蒸锅，甚至包括专门煮蛋用的锅。

←如果你携带了罐头食品，千万别忘了再带上一个开罐器。

↑如果团队人数比较多，你就需要用一个容量比较大的锅来煮食物。

其他有用物品

如果你将在大本营为一大群人准备伙食，有了以下这些器具将会使你的炊事工作变得更为方便。

⊙不同型号的木匙（烹调用的）。不要使用那些由木屑压制成的木匙，因为那种木匙可能携带细菌。

⊙2~3只公用匙。

⊙大漏勺。

⊙各种型号的刀，包括那种有锯齿的。务必确保每把刀都是锋利的。这些刀只能用于切割食物，不能用于其他目的。

⊙煎鱼锅铲，用于将一些摊平的食物从锅中取出。

⊙各种型号的勺子，用于舀汤或调料。

⊙土豆去皮刀和捣碎器，也可用于其他蔬菜，如卷心菜。

⊙手动搅拌器，用于混合一些调味料。

⊙开罐器。

⊙滤网，用于滤干某些食物的水分。

⊙食盐、辣椒粉、糖以及诸如番茄酱、芥末酱之类的调料。

附加装备

除了背包、帐篷、炊具、个人洗漱用品、收音机、手电筒等主要装备外，还有一些附加装备能让你的户外生活变得更加方便和舒适（虽然不是必不可少的物品）。

汽灯

当夜幕降临后，如果营帐里面有一个汽灯的话，做起事情来就要方便多了。如果你带着汽灯的话，在途中要把汽灯用多层覆盖物包裹起来，以防灯罩在运输途中被震碎。与汽油炉一样，汽灯也是不允许带上飞机的。因此，如果你是乘飞机旅行的话，就不要带汽灯了。在这种情况下，你可以带使用蜡烛的灯笼（尽管灯笼的光没有汽灯明亮）。

当人离开帐篷时，一定要将汽灯或灯笼熄灭。此外，不要在封闭的空间内使用或摆放汽灯。

→汽灯是一种比手电筒更为方便的夜晚照明工具。

↑颈枕和眼罩可以让你在晚上睡觉或乘坐飞机时更舒适。

枕头

如果你习惯于晚上睡觉用枕头但又没带枕头，你可以把自己的衣服折叠成枕头的形状，临时充当枕头。如果有枕头套的话，可以将衣服塞到里面，这样衣服就不会滑动了。事实上，许多小巧的充气枕头都是非常便于携带的，将里面的气放完之后，几乎不占什么空间。要用的时候，再往里面充满气就行了，十分方便。尽管枕头

↑将你的干衣服塞进枕套里面，可以临时充当枕头。这样，晚上睡觉的时候就会更舒服了。

并不是十分重要的物件，但是确实能让人在晚上睡觉的时候更舒服。因此，枕头还是值得带的，特别是充气枕头。

折椅

折椅的价格虽说比较昂贵，但在休息的时候能有个椅子坐也确实要舒服得多。如果你有一辆车或者一匹马来装载行李，你就可以考虑带上一把折椅。但如果是背包徒步旅行，就不适宜带了。对于某些野外考察研究，如鸟类观察，就特别有必要带上一把折椅。有了折椅，你就可以坐在上面长时间一动不动地进行某些观察。

↑折椅通常是以轻质的铝为材料制成的，并且易于装包。

坐垫

坐垫的规格一般为 30 厘米 ×60 厘米。你可以利用废弃不用的旧睡垫剪成坐垫的形状和大小。这样，你就可以在途中休息的时候拿出来坐。

钢镜

钢镜，即有光泽的金属薄片，可以作为镜子使用。有了这种镜子，刮胡子的时候就方便多了。钢镜在不用的时候要放在盒子或塑料袋里面，以防长时间受潮而生锈。

↑钢镜在不用的时候要用防水的袋子装起来。

棋盘游戏

如果是轻装野营旅行，一般不带棋盘游戏。棋盘游戏能在旅途中为人们提供很多乐趣。如果有时候大家只有一个游戏可玩，可以把大家分为几个小组，然后做一些体现团队合作精

↑这种坐垫可以从普通的户外用品商店中买到。其特点是质量很轻，便于携带。

↑棋盘游戏能为人们在闲暇时提供不少乐趣，并且能培养良好的团队精神。

神的游戏。有些棋牌的筹码和骰子一定要保存好,因为少了这些东西,棋牌便玩不了了。

炉子的挡风板

很多炉子都配有一块小的挡风板。如果你觉得原有的太小的话,你可以再买一块大点的。当你在户外风大的环境下煮东西的时候,在炉子的四周围上一圈挡风板可以节省煮东西的时间,同时也节省燃料。

闹钟

如果你需要在早晨准点起床,而你的手表又没有闹铃功能,那你就需要带上一个使用电池的旅行闹钟,以确保你在早上不会睡过头。

电源适配器

如果你前往国外旅行,则需要带上可以转换该国电压的电源适配器。这样才能使用你所携带的电子用品。

弹簧秤

如果你是乘飞机旅行,最好带上一个弹簧秤。这样就可以称一下自己所带的行李,以免行李超重导致产生额外费用。

延伸器

所谓的延伸器,就是一根弹性绳的两端各固定有一个钩子。这种延伸器有许多用途:搭帐篷、挂蚊帐以及绑行李等等。

←如果你睡觉比较沉,最好带个闹钟,以确保你每天早上能准点起床。

↓带上这种两眼或三眼的电源适配器,你就可以在国外使用你所携带的电子用品了。

←请带上一个弹簧秤,用来检查自己的行李是否超重。

↑→这种延伸器具有易于携带、不占空间的特点,且有多种实用用途。

工 具

一般的工具大多比较笨重,轻装野营活动是限制携带那些笨重的工具的,当然也有一些例外。旅行中携带的所有工具都务必保持干燥和锋利,使之保持良好的性能。并且在使用各种工具之前,都要对其检查一番,以防出现事故。

↑为了安全起见,大砍刀不用的时候,一定要放进皮质的刀鞘里面。

🡆 铁铲

对于一个探险营地来说,拥有一些具备多种用途的长柄铁铲是十分重要的。如果你打算驱车前往某个沙漠或丛林地区,你至少得带上一把铁铲,以便在车轮胎陷进沙坑或烂泥坑里的时候,可以用来挖土。折叠式挖壕锹也很有用,而且不占空间。还有一种塑料小铲子,分量不到200克,可用于填埋人体排泄物。

🡆 大砍刀

如果你开车去往丛林,这种又大又重的砍刀在丛林中开辟道路或清理营地的时候能够发挥很大作用。当你购买大砍刀的时候,一定要选择刀刃锋利且厚实的那种。此外,还要为其配一个皮质的刀鞘。

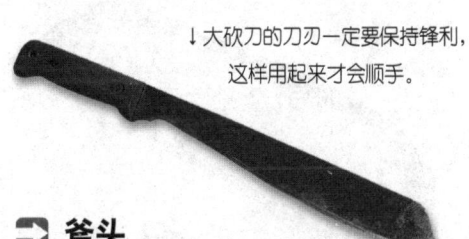

↓大砍刀的刀刃一定要保持锋利,这样用起来才会顺手。

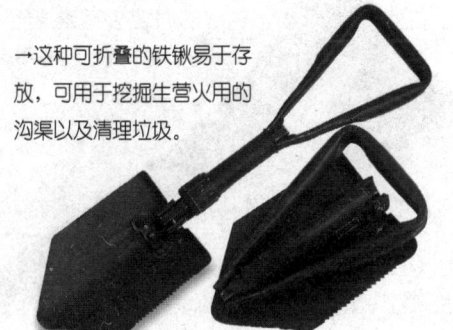

→这种可折叠的铁锹易于存放,可用于挖掘生营火用的沟渠以及清理垃圾。

🡆 斧头

如果你是开车前往某个偏远的山区野营,你应该带上一把斧头,可用于砍伐一些树枝来生火或搭建临时的栖身之所。

🔷 锯子

对于一个没有伐木经验的人来说，使用锯子伐木要比使用斧头来得容易。轻装野营者可以携带绳锯，因为它分量轻，又不占空间。

🔷 修理工具

在旅行期间，炉子及一些照明设备有时也许会需要维修。因此，你得带上一些基本工具（如改锥），以便修理某些东西。有些装备可能需要专门的维修工具，因此你在买这些装备的时候就得弄清楚这些事项。

🔷 管道胶带

这种胶带的黏性极强，可用于许多东西的临时性修补，如帐篷、背包

←这种管道胶带可用于很多东西的修补。

↑斧头如果存放不当，就会成为危险物。因此，一定要将其存放在安全的地方。

↑斧头的皮套有助于保持斧头的清洁和刀刃的锋利。

←在使用锯子之前，要先检查一下刀片与手柄处是否连接牢固。

↓在使用斧头之前，请检查一下其是否完好。

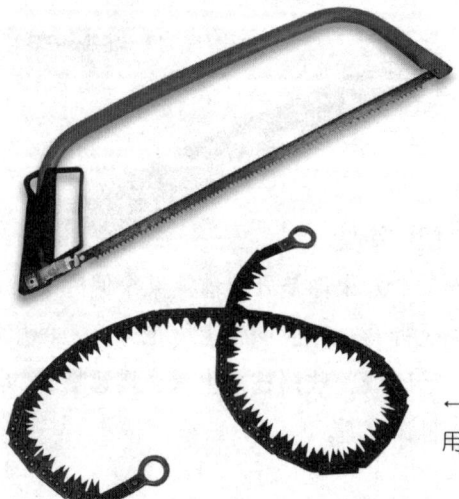

←你可以在工具箱内带上一把链锯或绳锯，使用前后都要上一上油，以使锯齿更润滑。

等。因此，有必要带上一卷管道胶带，并要将其放在有盖子的盒子里面，以防灰尘和沙子。

➡ 磨刀石

磨刀石是让各种工具保持锋利的重要物品。诸如锯子、斧头、小刀和砍刀等，要想保持锋利，就得天天磨。

➡ 小刀

诸如瑞士军刀或莱泽曼（Leather-man）军刀之类的迷你型工具也是十分有用的，其包含许多不同型号的刀片和剪刀。

帐篷维修工具

帐篷维修工具在一般的户外用品商店里都能买到。典型的帐篷维修工具包括尼龙补丁、胶黏剂、备用支索、备用帐篷桩。在用补丁片补帐篷破洞的时候，要先把破的地方擦干净，然后再把涂上胶黏剂的补丁贴上去。

↑瑞士军刀是一种很好使的工具，但是其刀刃很小且比较易坏，因此使用的时候要小心。

→这种锋利的刀最好用皮质刀鞘套起来，这样才会比较安全。如果你的刀没有刀鞘，最好去为其专门配一个。

↓如果你将在旅行中使用锯或斧头等工具，那么你还得带上一块磨刀石。

↑这种可折叠的小刀携带安全，因为其刀刃有手柄保护。

↑这种多用途的莱泽曼军刀包含多种不同型号的小刀、锯子和剪刀。

第3章 ▶ 导 航

如何在陌生的地形环境下找到正确的路是最重要的一项野外生存技能。可以毫不夸张地说,在野外,是否具备这项技能有时候关乎生死。因此,在出行前,你务必要学会如何使用地图和指南针,并熟悉一些专业的导航术语,培养自己了解周围地理环境的意识。具备了这一技能,你就能随心所欲地走自己想走的路,并且能够在走错的情况下及时发现并纠正路线。

地 图

地图以平面图的形式表示各种复杂的地貌。有的地图十分简略,看上去就如一幅画,而有的地图则十分精确。在不同的国家,地图的精确度也不同。当你将跨越多个国家和地区旅行时,你就不可避免地要用到不同国家所绘制的精确度互不相同的地图。好的地图一般都会及时更新。你要确定自己所使用的地图是最新版的。

比例尺

地图比例尺大小的选择取决于你对地图所能显示信息的详细程度的要求。如果你所进行的是一次

地图的比例尺及其用途

比例尺	用途
1:15000	定向越野
1:25000	步行
1:50000	步行或爬山
1:100000	骑自行车旅行、开车旅行、划船旅行
1:250000	骑摩托车旅行
1:1000000	国家地图

跨国探险活动,那么一张比例尺为1:2500000(25千米:1厘米)的地图就足够了。但如果你打算进行徒步探险活动,则需要精确度更高的地图,也就是说需要地图上显示更多详细的信息。对于地形条件比较复杂的跨国探险而言,比例尺为1:50000或1:25000地图是较为合适的。比例尺为1:50000的地图比较适用于旅程较长的探险活动,因为这种地图一般能够显示较大的地理范围;而比例尺为1:25000的地图则更适合在恶劣地形环境下使用。

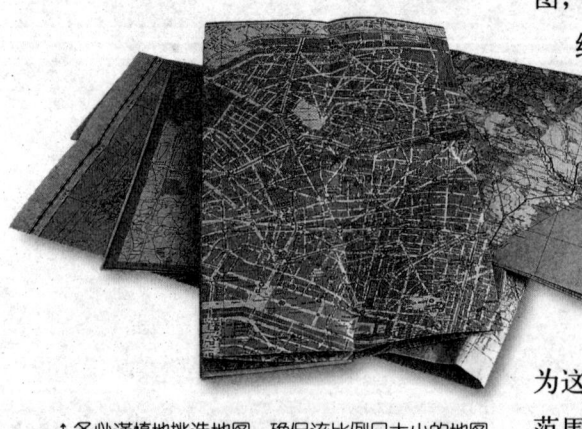
↑务必谨慎地挑选地图,确保该比例尺大小的地图能够提供你所需要的全部信息。

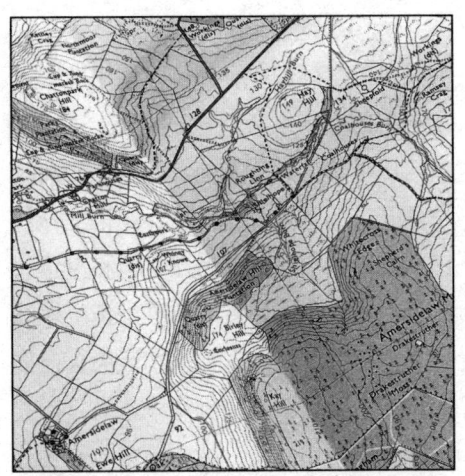
↑ 比例尺为 1:25000 的地图意味着地图上 4 厘米的距离代表实际 1 千米的距离，能够提供较多比较详细的信息。

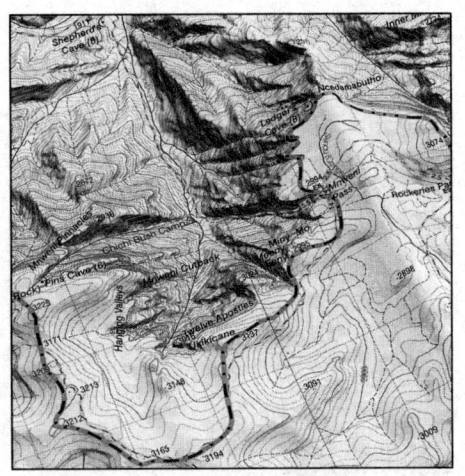
↑ 比例尺为 1:50000 的地图意味着地图上 2 厘米的距离代表实际 1 千米的距离，这比较便于估量实际中的距离。

然而，在现实情况下，你常常会发现自己所使用的地图的比例尺和精确度并不理想。在这种情况下，你只得再借助于其他的导航方法来确定自己的路线和位置。

▶ 标记

每张地图都会用一些符号来标示出自然地貌特征以及某些人造的地理特征。一般来说，大比例尺的地图通常都会详细地标出该地域的水路、公路、铁路以及可住宿的地点等信息，而小比例尺的地图通常是不会包含这些信息的。

无论是自然地貌特征还是人造的地理特征，都会用特定的符号来表示。这些符号通常都会在关键词列表中罗列出来，并注明其代表的含义。不同的国家在地图中所使用的标记符号也各不相同。大多数标记符号都是仿照实物的形态来表示的，当然也并不一定都是如此。因此，如果地图上有关键词列表的话，你还是应该先对照一下该表。地图上标出的物体肯定实际存在，而地面上存在的实物并不一定全都会在地图上标示出来。

▶ 地形

有些地图会以不同的颜色来表示不同的海拔高度，使得地图的层次感更为分明。在大比例尺地图上，同一等高线就意味着相同的海拔高度。不同的地形特征就是由等高线来表示的。一般来说，大比例尺地图上等高线的间距在 10～20 米之间。在做重要的估算之前，要先确定等高线之间的准确间距。读地图的一项关键技能就是通过地图上的等高线看出实际的地形状况。很明显，等高线之间的间距越小，该地的地势就越陡峭。通过估算等高线之间的距离，你可以很快估计出该地的地势陡峭程度，在脑海中呈现出一幅大致是原物比例的图画。

◘ 网格系统

在许多大比例尺的地图上，你可以看到许多由数字或字母标示的南北向和东西向的线所组成的网格。不同国家的地图，网格系统的标准也会存在差别。

↓地图所提供的信息能让你在脑海中大致勾勒出实际的地形状况。

大多数地图上的一个网格代表1平方千米的实际面积，你可以使用地图上所标示的数字来命名某一区域。这样你就可以准确地通知其他人你所在的大致位置了。为了增加精确度，网格坐标可以从1千米的间距缩小到100米甚至10米的间距。这样你就能够更加精确地知道自己的位置所在。如果你认为自己很有可能在旅途中使用到网格基准（事实上，只要使用地图，就不可避免地要涉及到网格基准），你就应该在出发前熟悉网格系统所表示的意义。有的地图可能没有网格线，但通常也会以纬线和经线来代替（纬线和经线同样可以作为一个基准坐标）。

◘ 地图的类型

以下所列举的一些地图都是最为常见的旅行地图。地形图起初只是用于军事上，是精确度最高的一种地图。地形图通常会定期做一些更新或修订，因此买地图的时候，一定要注意核对所购买的地图是否为最新版本。

在某些国家，个人制作的地图要谨慎对待，除非你已经在实地使用过该地图或者你是一个读地图的高手。一些个人制作的地图通常只是标示出了某些信息，其精确度和可靠性远不如正规地形图。个人制作的地图通常并不是按比例尺来绘制的，有的看上去就像一幅图画。因此，个人制作的地图并不适宜作为正式的导航工具来使用。

在有些地方，你可能只能买到一些绘制质量较差的地图。这时，你就不得不寻求其他导航方法了。

国家地图（1∶1000000）

国家地图所给的信息并不会非常详细，通常只是给出了该国的大致轮廓、国界线、主要城镇、主要的公路和河流等信息。由于它所给的信息十分少，因此有时候并不能确定地图上所标示的某条公路的真实情况，它既可能是一条六车道的高速公路，也可能是一条坑坑洼洼的破旧公路。

地区地图（1∶250000）

地区地图实际上就好比是公路路线图，因此并不适用于越野导航，仅仅可以在旅行初期规划行程路线的时候作为参考。除了标示出大的人口中心和主要公路之外，有些地区地图会标出一些次人口中心和次要公路。另外一些地区地图还会标示出该地区的主要山区或丛林。

专题地图（1∶50000）

专题地图是最适合野外探险使用的地图。专题地图就是画出精确等高线的地形图。这种地图会显示出某地详细的地理特征，如悬崖、露出地面的岩层、植被等，甚至还会标示出森林中的某些小路。

大比例尺地图（1∶15000）

大比例尺地图的精确度很高，因此十分适合做野外导航之用。大比例尺地图的纸张比较大，因此查看的时候也比较麻烦。但是这种地图所涵盖的信息确实十分详细，特别是在一些地形条件复杂恶劣的地域，更需要这种大比例尺地图所提供的详细信息。

读地图

数千年以来，人们一直在没有地图的情况下成功地穿梭于世界各地。各种精确的地图仅仅是近代以来才发展起来的（最早只能追溯到200年前）。在各种精确地图的帮助下，导航越来越成为一项精准的技术。当然，如何读懂地图也成了一门学问。为了你自身的安全，你必须学会这一技能。

▶ 3种不同的北向

大多数国家和地区的地图顶端都标有地球正北方向（地理北极的指向）。但是，网格比例尺地图通常使用网格北向。网格北向与地理北向的区别在于：地图是平面的，而地球表面实际是呈弧形的，故而两者所指向的正北方向并不一致。在中低纬度地区，两者之间的区别并不是很大；而在高纬度地区，两者之间的区别就比较大了。第3个北向是北磁极。指南针的指针就始终指向北磁极（目前正位于加拿大北部的哈得逊海湾），而非地理北向。质量好的地图一般会将3种不同的北向全都标出，即网格北向、地球北向与磁极北向，并且会标出逐年的磁变数值。

▶ 学会看地图标记

地图上所使用的各种标记通常都会在关键词列表中注明其意义。同样的标记在不同的地图中会有不一样的意义，因此在确定行进路线之前一定要先弄清楚各个标记的正确意义。你应该熟记自己所使用的地图上的各种标记的含义，以免每次看图的时候都要查看关键词列表。只有熟记各种地图标记，读地图的效率才会高。看懂地图上所标示的等高线的含义是读图的一项最重要的技能。这并非一件很容易的事，需要多次练习才能掌握。

如果你并不善于读地图，那么一定要在出行前多加练习，争取能熟练而又准确地读图。你可以先拿当地的地图来练习，最好是那种标有海拔高度和各种地貌特征的地图。然后选定某一地点作为目的地，按照地图所标示的路线寻找，看自己能否准确地到达目的地所在的位置。

↓你可以将自己所处位置的地理特征与地图上的标示相对照，以确定自己的方位。

找到自己所在的位置

一个好的导航员能够准确而又迅速地重新部署行进路线。重新部署行进路线实际上就是积极识别周围所处环境的一个系统过程。该过程的第一步就是地图定位，即将自己所处的周围地理特征与地图上的标记相对照（比如说一片树林或一个湖泊），或者使用指南针来定位。无论是用哪种方式，你所使用的地图都必须要标示出正北方向以及地形状况。这样，你就可以识别自己所处环境的地理特征，并将其与地图相对照，然后不断排除那些不相符的地点。下面举一个例子来说明这一过程。比如你站在一个面南的陡峭岩石坡上，从山坡上看下去，可以看到一条向东流的S形的小溪。于是，你就可以排除所有不朝南的山坡和不向东流的小溪。这样一来就大大缩小了范围，然后再做进一步的排除：有几条位于面南陡坡下并且流向朝东的小溪是呈S形的。一般来说，通过这样几步排除工作，就能确定自己的所在位置了。如果有两条以上的小溪符合这一特征，那你就得再寻找其他的特征对照，直至找到与你所在位置的地貌完全相符的一点。

地形图

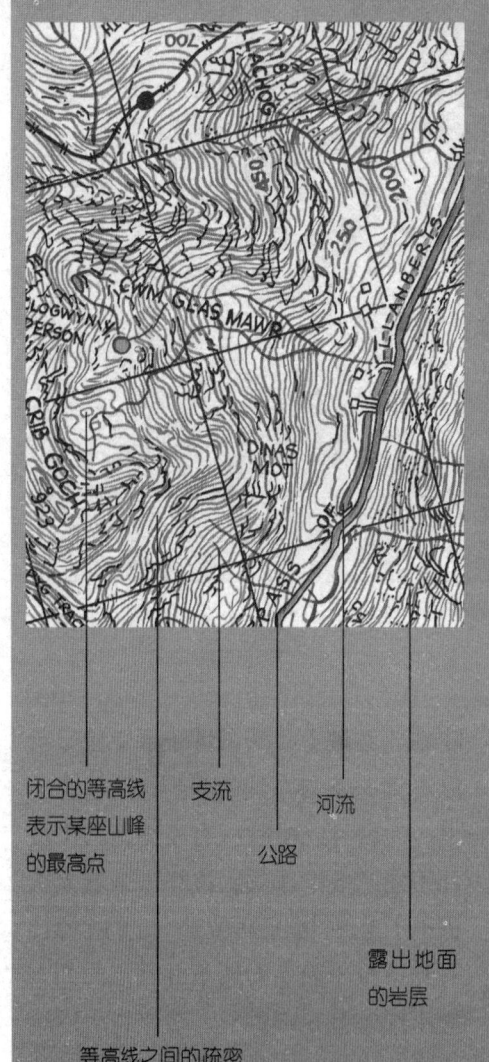

闭合的等高线表示某座山峰的最高点

支流

公路

河流

露出地面的岩层

等高线之间的疏密程度表示山坡的陡峭程度。等高线越稀疏，坡度越缓；等高线越密，坡度越陡。

乍一看，某地的地图与实地照片之间的关联并不是很明显。你得仔细辨别照片上所显示的该地的地理特征，然后将其与地图联系起来，才能发现两者之间的一些关联。你得学会找出周围环境所隐含的独特地理特征，并将其与地图相对照。这是读地图的一项基本技能，而且并不难学会。

简单地说，确定自己位置的过程即：先识别地形特征，再将其与地图上的标记相对照，逐次排除不符合的地点。你可以只找一个特征，如先从等高线的疏密程度来判断山坡的陡峭程度。然后再寻找其他特征做进一步的排除。最后，你就可以将照片中所反映的景物锁定到地图的某一点上了。

指南针

人们使用指南针作为导航工具已有数千年的历史了,其间指南针得到不断改进。指南针的指针指向磁北的方向(它随着磁北极的移动而移动,目前的磁北极正位于加拿大北部的哈得逊海湾)。

传统指南针的构造为:一个圆盘内装一个摆动的指针,圆盘四周标有360°的刻度和基本方位(东、西、南、北)。后来,又有人在其上装上一块棱镜,以便更清晰地看到方位。为了更准确地判断地图上某一地点的所在方位,又有人在指南针上安装了一个量角器。第二次世界大战之后,北欧人发明了一种新型的指南针,称之为量角器指南针,即将指南针、量角器、直尺合而为一,也就是现在最常见的指南针。

量角器指南针是如今最流行的一类指南针,是一种多用途的导航工具,它具有如下功能。

·地图定位。

·测量地图上标示的距离。

·找出你所在位置的网格基准。

·确定你实际的行进方向。

·确定自己在地图上的行进方向

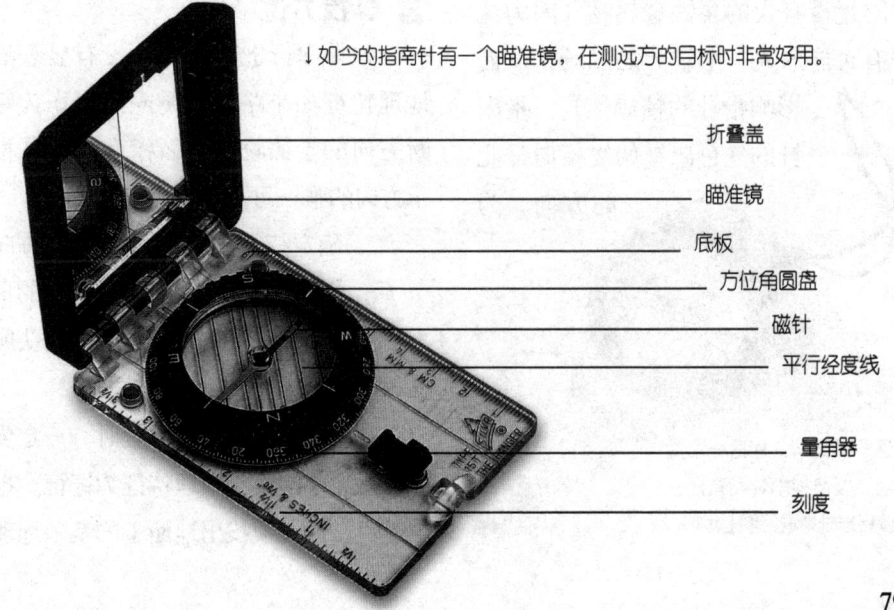

↓如今的指南针有一个瞄准镜,在测远方的目标时非常好用。

折叠盖
瞄准镜
底板
方位角圆盘
磁针
平行经度线
量角器
刻度

简易指南针

取一根缝衣针反复在同一方向与丝绸磨擦，会产生磁性，悬挂起来可以指示磁北极。如果有磁石的话，则效果更好。但记住一定要往同一方向摩擦。

(参见本章"读地图"一节)。

指南针的养护

指南针是一种重要的野外生存工具，且构造较为精细。因此，在旅途中，务必小心保管。你可以把它挂在脖子上或放在腰包里，但要注意不要将指南针与有磁性的东西放在一起，否则会影响指南针的精确性。

找到正北方向

将指南针平放在手掌之上，并确保附近没有大的含铁金属物（因为这样有可能形成一个较大的磁场，从而影响指针的精确性）。指南针的红色磁针始终指向磁北的方向。为

↑量角器指南针包括一个量角器，以及指南针和直尺，可以更准确地进行图上定位。

→表壳式指南针当中有一根摆动的磁针指示你的方位。

了找到真正的地球正北方向，你得知道你所在地区的磁偏角的数值（一般地图上都会注明），然后再将该数值应用到量角器中。根据你所在位置的不同，你可能需要加上或减去磁偏角的数值。在使用时必须对照地图来调整磁北和地球正北的偏差角度，才能得到正确的方向或位置。将红色磁针与量角器底板上的平行经度线对准，前进方向的箭头即指向正北。

寻找方位

如果你行进的路线上没有显著的地理特征如小路、小溪或山脊作为判断方向的参照物，那么指南针就是指示方向的唯一可靠工具了。

确定打算前往的目的地的方向后，将红色磁针与量角器底板上的平行经度线对准，前进方向线箭头所指向的就是应该行进的方向。

在用上述方法寻找方位时，一定要先以路途中的某一地理特征为标记。也就是说，你必须找出地面上的某一地理

特征（比如说一棵树）作为参照物。让这一参照物与你的前进方向一致，并朝它走过去。然后不断重复以上过程，直至最后到达你打算前往的目的地。

在能见度差的天气条件下，人们很容易迷路。在这种状况下，要尽量避免在行进途中偏离方向。你可以借助近距离的一些地面特征来判断自己是否身处正确的位置，如露出地面的

> **如何携带指南针**
>
> ⊙所有类型的指南针对撞击和震荡都比较敏感，因此在携带过程中必须小心。最好用一个套子包起来。为了方便拿取，可以把它放在上衣口袋里或腰带里，也可以挂在脖子上。
> ⊙当你坐飞机的时候，要将指南针存放在手提袋里面，以免高空大气压力影响其准确性。

←棱镜指南针：因为有一块棱镜，故而叫棱镜指南针。棱镜可使定位更加准确。

岩层。如果是团队探险，可以先让几个人始终行进在众人的前面，但要保持在后者的能见度范围以内。当能见度极低时，最好采取前面所说到的方法，即把人当做一个地面特征。前面的人可以用喊声来指示方向。这样一来，就不容易偏离正确方向了。

实地定位

1.将指南针水平放置在手掌上，然后将前进方向线指向自己要去的方向。选择一个远处与你的前进方向相同的物体，并向它走去。

2.当你到达该物体的时候，再重复上述过程。将红色磁针与量角器底板上的平行经度线对准。

3.将前进方向线的箭头指向自己要去的方向，然后选择一个与前进方向一致的物体，并朝它走去。如果有需要的话，继续重复这一过程。

地图与指南针的使用

导航的实质就在于能够确定自己的位置并找到到达另一地点的正确路线。一个好的导航员，在地图和指南针的帮助下，能够在任何状况下自信地寻找到正确的方向和路线。

为了保证导航的精确性，你得知道自己的出发点、旅行地的方向以及已经走过的距离。大多数人通常都是因为弄不清以上这3个要素而迷路的。万一不小心迷了路，你所要做的就是重新确定自己的方位，千万不要到处乱跑，陷入恐慌。所谓确定自己的方位，也就是将周遭环境的地理特征与地图相对照，逐渐确定自己所在位置。

➡ 图上定位

图上定位是一项简单而又重要的技能。只要你能够识别自身所处环境的一些地理特征，你就可以比较准确地进行图上定位。如果你不能够识别自身所处环境的一些地理特征，那也没有关系，可以借助指南针进行定位。首先你得知道当地磁偏角的数值。然后，将指南针放在地图上，并让量角器上的平行经度线与地图上的网格线保持平行。接着，

全球定位系统

全球定位系统（GPS）的产生是导航仪器发展史上的一个重要里程碑。GPS作为野外定位的最佳工具，在户外运动中有着广泛的应用，特别适合在偏远地区大范围内进行定位，如划船旅行、骑自行车旅行、骑马旅行以及驾车旅行等。

GPS通过接收卫星信号来测定方位，精确度极高。此外，GPS接收器设备还能接收气象卫星所发出的信号，预测未来的天气状况，因此十分有利于你做行程规划。但是，与其他电子设备一样，GPS接收器也很容易损坏，而且比较耗电。因此，千万不要将GPS作为地图和指南针的替代品。即便有GPS，仍然要带上地图和指南针等传统定位工具。

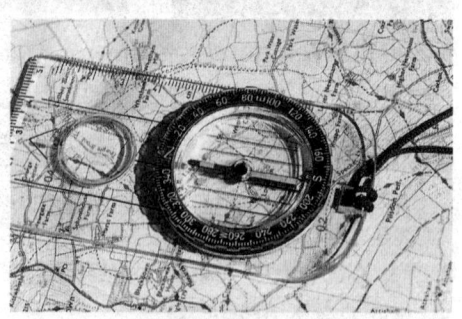

↑在出发前，你需要先在地图上进行定位。如果能见度比较差，可借助于指南针。

第3章 导航

↑ 正确使用地图和指南针有助于你规划行程路线、测定距离以及野外定位。

转动地图，直至红色磁针与平行经度线重合。这个时候，前进方向线的箭头指向就是朝北的。至此，整个图上定位的过程就完成了。

▶ 地图与实地的对照

许多导航员都有过于依赖指南针的毛病，导致他们的导航思路过于狭窄。事实上，人们可以单独利用地图进行导航。这同样能让你找到正确的方向和路线，并且让你对旅途中的地形更了如指掌。如果单独用指南针进行定位，一旦出错了，则根本没有实物进行检验和对照。看懂地图上等高线所表示的含义是一项最重要的导航技能。在旅途中，你应该不断标出等高线的特征，以此来检验行进的方向和路线是否正确。一旦发现自己走错方向了，就要立刻回到原来正确的位置上。然后再从那个正确的位置上重新找到正确的方向。

▶ 确定路线

在能见度比较差的情况下（比如说夜晚），或者在缺乏显著地理特征的一望无际的大平原或大沙漠上行走的时候，使用指南针进行定位就是唯一比较可行的定位方法了。

用指南针测量网格地形图上两点之间的距离，将量角器底板置于你的起始点和目的地之间。确保前进方向线的箭头指向正确的方向。将量角器底板紧按于地图之上。接着，将量角器按在地图上旋转，直至底板上的平行经度线与地图上南北向的网格线平行。然后，将指南针从地图上移下来，并读取底板上前进方向线的箭头所指向的刻度。同时，不要忘记将磁偏角数值计算在内。将指南针平放在手掌之上，然后整个人开始旋转，直至红色磁针与量角器所标示的北向重合。这个时候，前进方向线的箭头所指的方向就是你应该行进的方向。

▶ 如何将磁北方向调整到地球正北方向

指南针的红色磁针总是指向磁北方向，而地图上所标示的又往往是网格北向。在高纬度地区以外，地球正北与磁北之间的差值被称之为磁偏角。在地球的不同地方，磁偏角的数值不尽相同，或是向东偏，或是向西偏。

无论是指南针定位，还是地图定位，都涉及到将磁北调整到正北的问题。在欧洲，你需要在网格北向的基础上加上磁偏角的数值，所得出的才是真正的地球北向。而在世界其他大多数地区，则是要减去磁偏角的数值。各地的磁偏角数值以及每年的变化数值，一般都会在地图上注明。

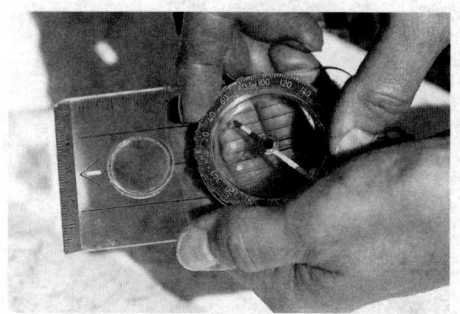
↑在使用指南针进行定位的时候，要在网格方向的基础上加上或减去磁偏角的数值，才能得出正确的方向。

偏差

无论何时使用指南针，都要记住远离磁场，否则会影响指南针的精确度，造成偏差。更为严重的是，指南针长期放在磁场附近还会导致永久性损坏。因此，务必要将磁性的或含铁的物体放置在远离指南针的地方。

无论是进行图上定位或是实地定位，都会应用到磁偏角。有时候，人们会将两种定位方法结合起来使用，以便相互验证定位的正确性。在将图上信息应用到实地的时候，你需要加上磁偏角数值；反之，则减去磁偏角数值。

使用地图和指南针定位

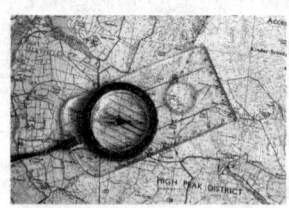

1. 用指南针的底板将你的起始点和终点连接起来。确保前进方向线的箭头是指向终点的。

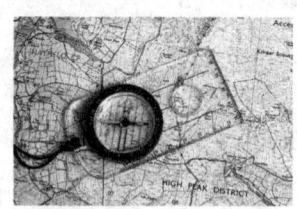

2. 转动方位角圆盘，直至平行经度线与地图的网格线平行。此时，指南针底板上的箭头指向网格北向。

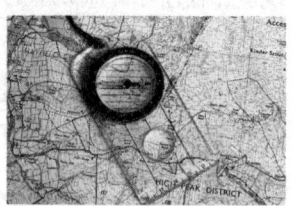

3. 在该箭头所指向的刻度值的基础上相应地加上或减去当地的磁偏角数值，所得出的数值就是你应该行进的方向。只要磁针与前进方向箭头是重合的，这一方向就应该是正确的。

利用日月星辰导航

现代人由于有许多的导航工具可以使用，以至于经常忽视一些利用自然现象进行定位的方法。毫无疑问，利用地图和指南针进行定位是一种最为有效和准确的方法。但是，万一你手头没有地图或指南针（比如地图遗失了、指南针坏了），又该怎么办呢？

早在数千年以前，我们的祖先就已开始利用观察天体的运动来确定方位了。如果你能通过日月星辰的运动来判断自己的方位，那么即便是在没有导航工具的情况下，你也同样能够找出正确方向。因此，了解一些利用日月星辰来定位的方法是非常有必要的。

建议你出行前，练习以下几种利用自然现象进行定位的方法，然后再用地图和指南针来验证一下你所做出的判断的准确性。这会大大增强你自己的导航信心。对于一个好的导航员来说，无论他拥有多么精密的现代导航仪器，他都会时时刻刻考虑自然所提供的信息。总之，准确地进行野外导航是一项最重要的野外生存技能。

↓野外探险的时候，即便你不负责导航工作，仍应该尽量注意日出和日落的大致方向。

利用太阳进行定位

无论你在地球的哪个角落,太阳每天都是东升西落。因此,你可以通过观察一些与日出和日落相关的明显的地理特征来判定大致的方位。以下所描述的方法仅在晴天的时候比较有效。当然多云天气的时候,也可以凭借天空的明暗程度来判断太阳的位置。

在北半球的正午时分,太阳位于正南;而在南半球的正午时分,太阳则位于正北。如果确实是在正午时分左右,则以上判断应该是比较准确的。

使用手表来找到正北方和正南方

这一定位方法所使用的手表一定要是有(时、分、秒)针的表,并且要设置成当地时间。进行定位的时候,要注意将手表持平。如果你是在北半球,

> **误读**
>
> 越接近地球赤道,利用太阳所进行的定位就越不精确。当太阳正好位于头顶的时候,就很难判断它到底位于哪个方向了。

请将时针指向太阳,并想象有一条线把时针与12点的夹角平分,这条角平分线所指的方向即为正南方。如果你是在南半球,请将12点的位置指向太阳,并想象有一条线把时针与12点的夹角平分,这条角平分线所指的方向即为正北方。

用树枝阴影法来找到正东方和正西方

树枝阴影法是一种很有用的定位方法。只要有阳光,无论是在哪个时段,也无论纬度高低,都可以使用这一方

使用手表来找到正北方和正南方

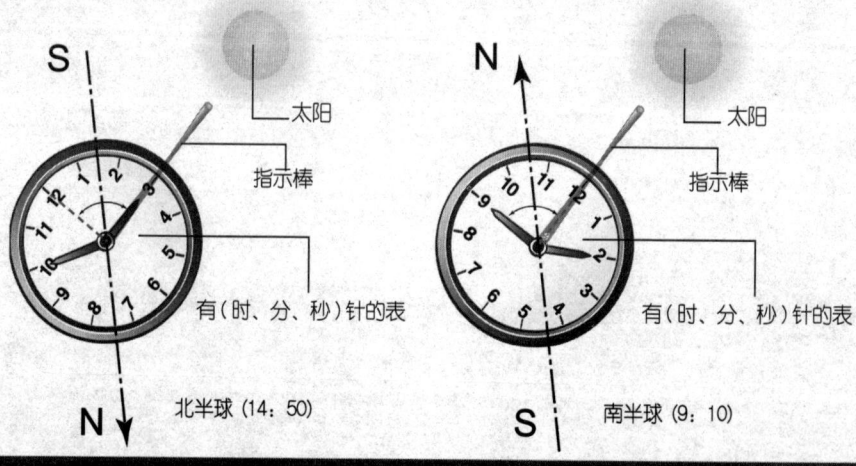

北半球(14:50)　　　南半球(9:10)

树枝阴影法

1. 选择一根长度 90～120 厘米的笔直的树枝，并将其插在有阳光的空地之上。在树枝投影在地上的影子顶端放上一块石头。

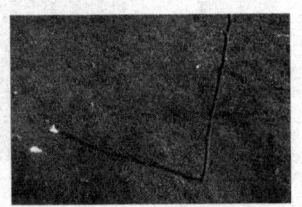

2. 等待 15～20 分钟的时间。15～20 分钟之后，你会发现树枝的影子转移了。在树枝此时的影子顶端也放上一块石头。

3. 用一根树枝将两块石头连接起来。这根树枝是东西走向的，其中第一个投影点表示西，第二个投影点表示东。

> **季节性变化**
>
> 众所周知，太阳每日东升西落。事实上，日出和日落的方位并非总是在正东和正西，而是随着季节的变化有所偏移。因此在利用太阳进行定位的时候，要考虑到这一因素。

法来寻找方位。

选择一根长度 90～120 厘米的笔直的树枝，并将其插在四周无阴影的空地上。在树枝投影在地上影子顶端放上一块石头。然后等待 15～20 分钟的时间。15～20 分钟之后，你会发现树枝的影子转移了。请在树枝此时的影子顶端也放上一块石头。然后再用一根树枝将两块石头连接起来。这根树枝是东西走向的，其中第一个阴影点表示西，第二个阴影点表示东。

如果你从早晨开始，将在某个地点驻扎一整天，你可以使用一种更为精确的树枝阴影法来定位。如前所述，

先选择一根长度 90～120 厘米的笔直的树枝，将其插在有阳光的空地之上，并在早晨的树枝影子顶端处做上标记。然后以树枝为圆心以投影在地上的阴影长度为半径画一个圆弧。随着不断临近正午，树枝的影子会不断地缩短。正午过后，树枝的影子又开始重新变长。当树枝影子的顶端与你早晨所划的圆弧重合时，在这一重合点上做上标记。将这一标记与你早上所做的标记连接起来的一条线便是东西走向的，其中早上的标记是偏西向的。

➡ 利用月亮来定位

> **影子的含义**
>
> 影子移动的方向能够指示你所在的半球：顺时针移动，表明是在北半球，逆时针移动，则表明是在南半球。通过观察影子，人们还可以确定方位和时间。

与太阳不同，月亮的形状是会变化的，而且其亮度远不如太阳。因此，利用月亮进行定位并不是很方便。特别是在云层很厚的夜晚，天空中根本看不到月亮。

月亮本身并不会发光，我们所看到的月光是月亮反射太阳光所致。月亮绕着地球运动，受到地球的阻挡，其太阳反射面随之变化。因此，我们所看到的月亮有一个从蛾眉月到满月的过程。当月亮运行到太阳与地球之间的时候，月亮以它黑暗的一面对着

↑没有被云层遮掩的月亮能帮助你辨别东西南北。

地球，并且与太阳同升同落，人们无法看到它。月亮环绕地球一周的周期是29.5天。

如果月亮是在太阳还未完全落下的时候升起的，表明它的"脸"是朝西的，即西半边亮。如果月亮是在后半夜升起的，则它的"脸"是朝东的，即东半边亮。同太阳一样，月亮也是东升西落的，无论是北半球还是南半球，都是如此。

↓下图所示的是如何利用蛾眉月来辨别南北的方法。将面朝左的蛾眉月的两个端点连起来，画一条虚线。在北半球，该虚线与地平线的相交点即指正南；在南半球，该虚线与地平线的相交点即指正北。而面朝右的蛾眉月，则正好与之相反，即：在北半球，该虚线与地平线的相交点即指正北；在南半球，该虚线与地平线的相交点即指正南。

利用月相来辨别方向

晴朗的夜晚，可利用月亮判定大致方向。农历初一新月时，月亮和太阳在同一方向，它与太阳一起升落，这时看不到月亮。初七八上弦月时，月亮在太阳东面90°，比太阳约晚6小时升起来，也晚约6小时落入地平线，即正午太阳在正南方时，月亮刚从东方地平线升起；太阳在西方地平线上时，月亮在正南方；半夜前后，月亮在西方地平线上。十五六（有时十七）望月时，月亮和太阳相距180°，太阳落时，月亮正从东方升起；第二天太阳升起时，月亮正从西方落下。二十二三下弦月时，月亮在太阳西面90°，它比太阳约早6小时升起来，也约早6小时落下去。即太阳从东方升起时，月亮在正南方；正午太阳位于正南方时，月亮正从西方落下。这样，就可根据不同的月相判定大致方向。

➡ 利用星座来定位

由于天空中的星座成千上万，而且星象也变化多端，因此利用星座来定位是最复杂的一种天体导航方法。此外，相同的星座和单体星在南北半球所呈现的星象是不同的，这也增加了利用星座来定位的难度。尽管如此，人们利用星座来导航已有数千年的历史了。

由于地球是不断移动的，因此同样的星座很可能呈现出不同的星象。与太阳一样，星座也遵循着东升西落的规律。

导航星

北极星　它位于北极上空，是一颗指示北方的重要星星。北极星相对于观察者来说是固定不动的，其他所有的星星都围绕其转动。

北斗七星　它是大熊星座的一部分。

猎户座　它位于赤道上空，故而在南北半球均能看到。

银河　它仿佛是天空中一条晶莹的"带子"，是由无数大大小小的恒星系和星云组成的天体系统，而其中间部分则被形象地称为"煤袋星云"。

做好方向标记

当夜晚利用月亮或星星来辨别方向的时候，不要忘记日出之时，月亮和星星都将消失。因此，当晚上辨别好方向后，一定在相应的位置做上标记，以便第二天清晨辨认。

↑黎明前，要记得在已经判定的方向位置上放上一根树枝或一块石头作为标记。

在北半球

在北半球，北极星无疑是最重要的一颗指示方向的星星了。在星空背景上，北极星距离北极不足1°，故在夜间找到了北极星就基本上找到了正北方。北极星属小熊星座，是其中最亮的一颗。由于小熊星座的众星中除北极星外都较暗，所以，通常根据北斗七星来寻找北极星。北斗七星是大熊星座的主体，其形状像一只勺子。从斗口边两星（指极星）的连线向斗口外延长5倍左右，便可找到北极星。北极星附近相当大的一片区域里，没有比它更亮的星了，所以，用这种方法是极易找到它的。

在黑夜的天幕上，我们还可以利用猎户星座来定方位。猎户座的四周由4颗明亮的星组成一个大四边形，四边形的中央是3颗并排的小星。我们可以通过小星作一假想的横线即为天球赤道，该线即为东西方向线。

在南半球

在南半球，北斗七星有时会没入地平线以下，或者由于它离地平线近而被树木、村庄、山峰等遮挡。由于看不到北极星，可以利用南十字星座来定方位。南十字星座由4颗亮星组成，如将对角的两星相连，即成"十"字形。其中最亮的两颗星连线的延长线即指向南方。如需更精确一些，可利用南十字星座旁边的半人马星座，将其中两颗亮星作一假想连线，在连线中间作一垂直线与南十字星座的指南线相交，交点离真正的南极只偏差1°。

↑北极星位于北极上空，通常根据呈"勺子"状的北斗七星来寻找北极星。

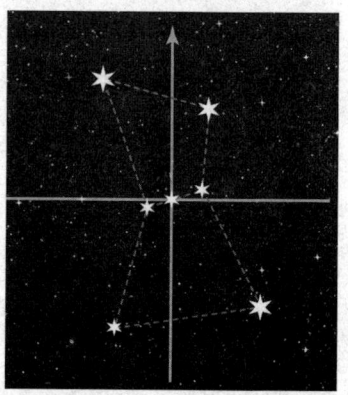

↑我们可以通过猎户座中间3颗并排的小星作一假想的横线即为天球赤道，该线即为东西方向线。

↑在南半球，人们通常利用南十字星座来定方位。

利用其他自然特征导航

大自然能够提供许多信息，来帮助我们辨别方向。这些信息源于静止的物体、动物和植物。当然，自然特征仅能帮助我们确定大致的方位。但是，在缺乏导航工具的情况下，如果你具备通过观察一些自然特征来判定方位的技能，你将会感到十分庆幸。将几种自然特征结合起来做出定位判断是比较理想的，那要比仅凭一种自然特征做出判断可靠得多。

➡ 风

世界上大多数地区，都有着规律的盛行风向。有些地区终年盛行同一方向的风；而有的地方则是某一季节

↑务必了解旅行地的盛行风向。当地人一般都能够告知你这一信息。

↑生长于旷野的树木有助于你判定风向，但是观察云的走向才是判定风向的最准确方法。

盛行某一方向的风，盛行风向会随着季节的改变而改变。如果你能事先了解某一地区的盛行风向，则可以利用风向来定位。但要注意地形对风向的影响。比如，深谷和陡峭的山脊都会完全改变风向。判断风向的唯一可靠方法是观察天空中云的移动方向。

生长在空旷处的树木和灌木丛由于长期受到某一方向的风的吹袭，常常会朝一边倾斜。生长在热带地区的棕榈树则正相反，有逆风生长的倾向。尽管棕榈树与常规相反，但也能指示风向。

沙子和积雪也会留下风的痕迹。

↑千万不要轻易判断峡谷中的风向,因为在那里地形状况对风的走向有严重影响。

因为沙子和积雪长期在风的吹袭下不断向某一方向漂移,以致会逐渐形成一个个沙丘或雪垄。

一般来说,沙丘和雪垄的迎风面,坡度较缓;沙丘和雪垄的背风面,坡度则较陡。

⇨ 植物

植物的生长需要阳光和水分,因此我们可以通过分析植物的生长地点和生长方式来辨别方向。由于阳光与水的相互影响,你得根据当地的气候状况判断出两者之中何者对植物的生长起主导作用。苔藓通常生长在背阴且潮湿的树皮和岩石上。在寒冷地区,高大的植物通常都生长在朝阳的地方,阳光照射到的一面通常也会长得比较茂盛。在依据植物的长势来判断方位的时候,你还得考虑到所在的半球。有一些植物,比如说生长在南非的北极树,有向北边生长的倾向。还有一些花是向阳的,会随着太阳的移动而转向。

⇨ 多雪地带

在多雪地带,积雪厚的地方通常朝北,而积雪薄的地方则朝南。此外,背风地带的积雪通常比较厚,而迎风地带的积雪则相对薄一些。在了解这一地区盛行风向的基础上,再结合以

↑树木底部的降雪量可以显示风向,因此你可以利用这一现象来导航。

上常识,你就可以相应地做出大致的方位判断了。

⇨ 动物足迹

在干燥的地区,如果你看到动物的足迹都是朝着同一个方向的,则表明这一方向很有可能是通往水源地的。鸟类如果总是朝着同一方向飞,也有可能表明正飞向某个水源地,当然路途可能很远。在植被茂盛地区,动物的足迹通常会将你带往一个空旷的地方。这样,你就能获得更好的能见度来规划你下一步的路线。

↑野生动物也能够提供有助于辨别方向的重要信息。地面上的动物足迹往往能够将你带往某个水源地。

⇨ 蚁穴

在澳大利亚,蚂蚁和白蚁所筑的巢穴是呈"土墩"或"薄形刀片状"结构的,而且其巢穴总是南北走向。这样一来,冬天的时候,其巢穴无论是在上午还是下午,都能使太阳照射到;而夏天的时候,该构造则能避免太阳的照射。

> **警 告**
>
> 利用某些自然特征是一种有效的导航方法。但是,利用自然特征所辨别的方向只是大致上的,并非十分精确。因此,你应该利用多种自然特征,以使得出的结果尽量精确。特别是在做一些重要决定的时候,务必要慎重。

↑在北半球,苔藓生长在树的北边一侧;在南半球,苔藓生长在树的南边一侧。

第4章 ▶ 旅　行

世界上存在着一些原生态地区，它们有极端的气候环境和艰险的地形。那里水源匮乏，甚至人烟稀少，对于旅行者来说能去这些地方可谓是一种挑战。在这些地方，时间以一种不同于常态的速度流逝着。你必须放慢脚步，采用徒步、骑牲畜、骑自行车或划船等方式，来慢慢体味这些奇迹。

• 野外生存必备手册

每日旅行计划

出行前,你要计划好整个旅行的行程路线。除非你打算在野外扎营,否则你还应该计划好将在沿途的哪些地点找旅馆投宿。然而,无论你的行前计划多么严密,旅途中还是极有可能发生一些意外事件的,特别是天气的突变。遇上这种情况,你就必须依据每天的具体情况来调整或重新安排当日的行程计划。

➡ 行进路程

行程路线的规划要以尽量减少花在路途上的时间为原则,并且要均匀地分配每日的行进路程,以便让人逐渐地适应沉重的背包。每4~6天之

↑如果你打算乘船旅行,你得计划好每日下水和上岸的合适地点以及划行的距离。

中要安排一天作为休息日,以供大家做一些必要的休整,并为下一步的旅行做好更充分的准备。

在做长距离的徒步旅行计划时,大多数人总是会高估自己所能走的路程。据调查,大多数有经验的徒步旅行者每日最佳的行走路程为16~24千米。当然,这个数据并不是绝对的,具体还会受到地形状况、天气条件等因素的影响。如果你随身携带营帐和炊具等笨重物品,那么你每日的行走路程最好不要超过16千米。开始几天,

休整日

旅行途中,不要忘记安排一些休息日。当你在一个陌生的地区进行探险活动的时候,你会发现安排一些休息日是十分有必要的。如果你不在旅途中不时地做一下休整,身体肯定会受不了。

在一个旅行团队中,每个团队成员所需要的休息频率不尽相同。而且何时休息也取决于你身处何地。一般来说,风景秀丽的地方是大家比较喜欢的休息地点。

最好每日不要超过 13 千米,以便自己有一个逐渐适应的过程。

由于所使用的交通工具不同(自行车、独木舟、动物、汽车),每日适合行进的路程也不同。此外,你所具备的旅行经验、地形状况以及天气状况等因素都会对每日的行进路程产生影响。

食物与水

野外旅行中,最为重要的是携带充足的饮用水。此外,你应该弄清楚自己打算驻扎的营地及沿途是否有水源。这些水源并非一定要达到可直接饮用的标准,它仅仅是指一条河或一条小溪(只要通过净水器净化之后能饮用就可以了)。在高山或极地地区,雪水也可以用作饮用水。在一些缺乏水源的路段,你必须事先备足饮用水。只要一有机会,你就应该将自己所携带的储水容器装满,以防在接下去的路段中找不到水源。一般情况下,一

↑ 旅行途中,建议你在背包里携带一些含高碳水化合物的食物,如燕麦压块干粮。这类食物能够提供较多的能量。

个人每日所需摄入的水至少为 4 升;炎热天气下,则需要 8 升。注意不要携带含糖或含酒精的饮料。这些饮料只会让你感觉更口渴,在水分摄入不足的情形下,甚至还容易使人脱水。

旅行途中最佳的膳食组合是:丰盛的早餐和晚餐加上一顿高能量的午间点心。在背包里携带过多的食物会让你行动迟缓,特别是在午后消化食物的时候。午间点心的选择也不能太随意,比如新鲜的坚果、葡萄干、巧克力和燕麦压块干粮等都是能够提供高能量的午间点心。注意不要携带太咸的食物,以免造成口渴。

↑ 在离开营帐之前,请将你的水瓶装满水。

衣物

旅途中,你得注意衣服不要穿得过多。如果你在刚出发的时候感觉稍微有点冷,那么经过 15 分钟左右的跋涉之后你就会感觉冷热正合适了。如果你在刚出发的时候感觉有点热,那么 15 分钟之后你肯定会感觉更热。一

野外生存必备手册

↑当你将行囊放在自行车上的时候,要注意保持车两边行囊重量的大致相等。

一般来说,温带地区的天气变化比较频繁。因此,如果你处在温带气候条件下,则要对天气突变做好心理准备。

当然,穿什么样的衣服也取决于你所穿行的地形环境。如果你将穿越大片灌木丛生的林地或者该地有大量的蚊虫,那就意味着你不能穿短衣裤,否则你的身体就很容易被荆棘和蚊虫弄伤。

在气候炎热地区,你也不能总是穿着短衣裤。当阳光强烈的时候,你得换上轻便的长衣长裤以抵御太阳辐射。此外,宽边遮阳帽也是一样必不可少的装备,能够保护后颈部免受阳光灼晒。

如果你所旅行的地区多沙砾,建议你在靴子上面绑上绑腿,以免细小的沙石进入靴子。如果所旅行的地区比较泥泞,则最好穿长筒橡胶靴。

如果你所旅行的地区多雨,则要记得在背包的最上层放上一块防雨布,以便下雨的时候能迅速地把它拿出来。

一日远足活动的背包装包

如果某日的行程是整个旅行的一部分,那你就得随身携带全部的行囊。但是如果仅仅是从大本营出发做一次一日远足活动,则携带一日所需的物品就够了。这些物品还应当包括一些急救物品,以防意外事故的发生。

⊙地图、指南针和旅行指南。
⊙小型急救包。
⊙驱虫剂和防晒霜。
⊙水。
⊙点心。
⊙雨衣。
⊙保暖的衣服(如抓毛绒上衣)。
⊙手机。

↑山区的地形错综复杂,你要抓住一切机会检验自己所行走的路线是否正确。

诸如地图、旅行指南和指南针等常用的工具可以随身放在衣服口袋里面或者用一个塑料袋装起来挂在脖子上,以方便拿取。

徒步旅行

大多数旅行总是免不了要步行，即便是骑自行车旅行或骑马旅行也是如此。近距离的远足活动是一般人都能够承受的，但如果是一连数天并且每天要背包步行 16～19 千米，恐怕大多数人的身体都会支持不住。

➡ 行前准备

如果你并不是一个经验丰富的徒步旅行者，并且你所行走的路途比较艰险，那么你一定要在行前做好充分的身体适应训练。一开始的时候，可以在居住或工作的地方周围每次步行 3～5 千米。然后，逐渐增加距离，直至每次步行 16～19 千米，并且要穿上靴子、背上背包。后期这种强度的训练应该挑选在地势不太平坦的地方进行，建议每周进行 1～2 次。

行前身体适应训练的强度要考虑到你自身的身体状况，比如体重是否超重、健康状况是否良好、伤病是否还未痊愈等等。

在背包徒步旅行中，你将随身背负营帐、炊具、食物、水等众多物品。你的身体尤其是双腿和双脚将承受很重的压力。你得确保自己的身体能够承受得了这种负担，不会使自己的健康受损。

➡ 脚部护理

千万不要低估旅途中双脚舒适的重要性。脚部的不舒适将会破坏整个旅行，因此旅途中注意对双脚的保护十分有必要。

为了增强脚部的耐受能力，建议你洗完脚擦干后在脚上涂一点外用酒精，特别是在脚趾和脚后跟部位。

旅行途中，要注意经常修剪脚指

新靴子的购买

当你购买旅行时所穿的鞋子时，记住要把旅行时所穿的袜子也带上。试鞋的时候把袜子穿上，要确保脚趾有活动的空间。如果你不确定自己究竟需要哪种类型的鞋子，可以向一些有经验的售鞋商咨询一下。

新的鞋子在正式出行前要先穿一段时间，以使脚尽快适应。特别是皮靴，这一点尤为重要。纤维材质的鞋子则无需太长的合脚时间，一般来说，穿着它在户外走几次，每次走半小时左右就差不多了。

甲，以免脚指甲过长，进而造成脚部挤压。此外，每天晚上休息的时候都要记得洗脚。这不仅是出于卫生考虑，同样为了使双脚更舒适。洗完脚后一定要擦干，并检查一下脚底是否有水泡。如果你的脚容易出汗，建议你擦一点抗真菌的药粉。

↓如果你打算攀登雪线以上的山峰，一双结实的皮质登山鞋是必须的。

鞋子的选择

选择步行鞋最重要的标准就是穿着舒适。穿不合脚的鞋子会让人感觉不舒服，甚至会让脚起水泡。此外，鞋帮处要具有良好的支持性，特别是在山地地形条件下。记住，同一双鞋子是不可能适用于各种类型的旅行的。在一些极端环境下，如雪山、丛林或沙漠，你需要穿一些专为该种环境设计的鞋子。因为在这种极端恶劣的环境下，你的双脚以及小腿部位需要特殊的保护。

在天气状况良好并且路途平坦的情况下，穿什么样的鞋子并无太多讲究，甚至越是普通的鞋子越合适。因为通常来说，普通鞋子的透气性反而更好。

水泡的处理

有些人的脚特别容易起水泡，特别是在鞋子不合脚、鞋带系得过紧或者袜子里面有沙子的情况下。建议你

在行前的步行训练中注意检查一下鞋子是否合脚。如果脚上的某个部位看起来比较红，则说明鞋子的该部位与脚的摩擦比较大。

如果你忽略了这些问题，以后这些部位就会很容易起水泡。建议你在那些容易与鞋子产生摩擦的部位贴上一些胶布，这样可以起到一定的保护作用。

如果在行走中有沙子进入鞋子或袜

↑如果你将要穿过一条小溪，千万不要赤脚走过去，否则很容易将脚划破。

子里面，一定要立刻停下脚步，把沙子清理出来。否则，时间一长，与沙子接触的部位就很容易产生水泡。当你感觉脚上起了水泡或有其他疼痛的时候，一定要停下来做一些必要的处理，否则水泡会变得更加严重。如果是皮肤刚刚有一点擦破，可以在该处垫一块敷料。这种敷料在一般的药店里都能够买到。

如果脚上的水泡越来越大且又不得不继续赶路，你可以用刀片把水泡刺破。当然所用的刀片一定要干净，否则水泡受了感染会发炎。水泡里面的脓水挤出之后，可以在上面贴上一块胶布以防感染。

即便你没有将水泡挤破，也最好在水泡上面垫一块敷料以保护它。敷料的中间要剪出一个水泡大小的洞，这样就不会对水泡造成挤压。

到了营地，你得洗一下脚，并更

↓在徒步探险活动中，有必要带一些处理水泡的工具。一感觉到脚上有疼痛的地方，就要马上采取处理措施。

换一下敷料。第二天早晨出发的时候，不要忘了在有水泡的地方垫一些东西。

袜子

无论你是穿两双袜子还是只穿一双厚袜子，都要每天换干净的，并且要及时把脏袜子洗净，以免换洗不过来。袜子破了之后就不要再补了，因为修补的地方会对皮肤造成较大的摩擦，容易起水泡。

➡ 背包的重量

一个成年男性或女性能够承载的重量取决于下列因素：个人的身体素质、背负的时间、所走的地形状况等。一般来说，背包的重量最好控制在11千克以下，否则一次愉快的徒步旅行就会成为一次痛苦的耐力比赛了。在天气炎热的时候，由于需要大量的饮用水，因此你得尽量减少其他装备的携带，以免总体重量超标。

↑如果背包与背部之间留有一定空隙，则背起来会更舒服。

骑自行车旅行

传统意义上的自行车野营旅行只能在有公路的地区进行，直至山地自行车的出现才扭转了这一情形。如今，即便是在没有公路的地方也能进行自行车野营旅行了。

➡ 自行车的选择

如果你沿途经过的地区都有平整的公路，那么一般的变速旅行自行车就可以应付了；但如果你要穿越一些崎岖坎坷的路，则要山地自行车才行。山地自行车的轮胎更为厚实、车架更结实，因此也更适合在柏油碎石路面和崎岖的山道上骑。还有一种自行车，介于厚重的山地自行车和轻便的旅行自行车之间，也是一种可选择的多功能自行车。

选购新的自行车时主要注意两点：一是自行车的尺寸要适合你的身型；二是车座坐起来要舒服。一般来说，自行车的后轮胎磨损的速度要比前轮胎快；因此，经过一段时间的使用后，你可以将前后轮胎相互调换以平衡两个轮胎的磨损程度。

舒适的头盔

好的自行车头盔也是骑车旅行时一样必不可少的装备。现代的自行车头盔都非常轻便，符合空气动力学的原理，戴上头盔跟没戴头盔的感觉没什么两样。头盔系好之后，应该要正好紧贴头皮，不能前后左右移动，也不能阻挡你的视线。同时，头盔的系带不要系得过紧。

↑自行车头盔是由具有减震作用的泡沫塑料制作成的。一旦受到撞击之后，就不会再恢复原状，也就是说必须得更换新的。

第 4 章 旅 行

→这种自行车衬棉手套能够防止双手由于长时间紧握把手而起水泡。

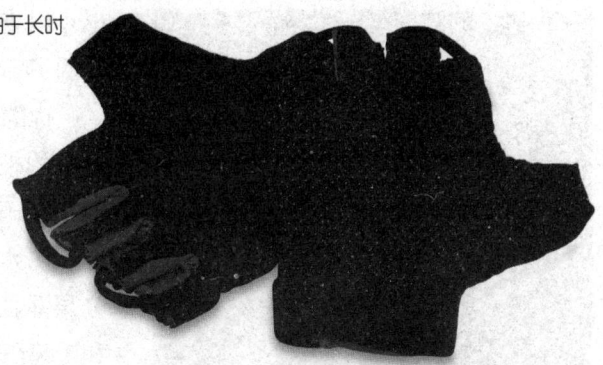

自行车在经过一段长距离的使用后，要进行全面的检查和养护。如果你自己不会做这项工作，那就得拿到专业的修车铺去修理。

自行车的调试

出发前，你一定要将自行车调试到适合自己的各方面要求才行，包括车座的高度和前后位置、车龙头的高度、最大踩踏效率等。要让自己能够轻松地踩到脚踏板，骑起来感觉舒适。如果你自己不会调整车龙头或车座的位置，你可以拿到卖自行车的商店，让那里的工作人员帮你调试。一般来说，山地自行车的车龙头是笔直的，很容易造成手臂疲劳。而普通的旅行自行车则没有这个问题。因此，你可以买一个延长杆安装在山地自行车的龙头上，这样握把手的时候就会舒服多了。

衣服和其他装备

如果你打算骑车旅行，那么除了自行车以外，你还得仔细考虑与骑车旅行相配套的衣服和其他装备。要尽量减少随身携带的行李，因为过重的行李会让你难以控制自行车。具体适宜的行李重量取决于你所骑自行车的大小以及你自身的体能。一般来说，车上装载的全部行李的重量最好不要超过 11 千克（大致相当于徒步旅行者所背的背包重量）。

衣服

如今在市场上可以买到专门用于骑车旅行的衣服，适用于各类季节的都有。穿上这种专业的服装，能够让你在骑车时感觉更舒适。

→这种自行车衬棉短裤好比是车座上的一块衬垫，能够让骑车人感觉更舒适。

↑你可以在自行车的车把处安装一个监测仪器以显示车速、行驶距离和路面坡度等信息。

↑这种便携式的修车工具包含多种实用修车工具，便于在途中做一些紧急修理。

↑当行李重量成为一个大问题的时候，可以考虑携带这种折叠式的多用途工具，包含各种小刀、剪刀、钳子等。

你可以查阅一下旅行指南的信息以确定购买哪种季节类型的专业自行车服。

你的基本服装装备应包括：头盔、齐腰的带帽防水风衣和防水裤（如果前往多雨的地区）。保暖的衣服应该穿在防水风衣的里面。衣服的穿着要分层并且紧身，以免骑车的时候衣服和车缠在一起。

自行车衬棉手套能够保护双手，而且能够减少自行车在崎岖路面上震动给双手带来的不适。还有一种自行车衬棉短裤是专为自行车运动设计的，穿着舒适且不妨碍身体活动。虽说这些不是必备的装备，但如果是长距离骑车旅行，还是推荐你穿这种专业的自行车衬棉短裤。另外，棉质长裤和绑腿也是可以穿的，只要不妨碍到骑车就行。天气炎热的时候，当然是穿短裤最理想，但是也要注意防晒问题。

有些人骑自行车喜欢穿插夹式的鞋子。这种鞋子可以固定在脚踏板或踏脚套上，有助于提高踩踏效率。无论穿什么样的鞋子，都应注意一个基本的原则，就是鞋底一定要厚实。软运动鞋虽然能够减少震动，但骑起车来更费劲。

行李

如果是一次路途较远的旅行，将行李装载在自行车上显然要比背在身上轻松多了。你可以在车后座行李架的两边各固定一个后车筐，用来放置行李。如果还不够放，可以再安装一个前车筐，但是要确保不会妨碍到你骑车。装载行李的原则是：重的东西要尽量放在低的地方和靠近自行车中间的位置，以保证自行车的平稳性。

车上装载的东西越多，你骑得也就越辛苦，车也就比较难把握。因此，要尽量避免携带一些不必要的物品。一些常用的物品要放在车筐的最上层，以便于拿取。

备用零件和修车工具

如今的自行车比较易于维修，并且维修费用也相对比较便宜。如果打算做一次长途的骑车旅行，你最好携带备用内胎、补胎工具、扳手、刹车片以及至少一根后胎用的刹车线。此外，如果能备上一个备用外胎就更好了。

如果是团队旅行，你们可以相互交换和借用一些备用零件及工具。这样就可以由大家一起来携带这些工具和备用零件，以减轻每个人的负担。

此外，别忘了带打气筒和测量车胎气压的量表（建议每天出发前测量一下）。

↑补胎工具包括各种型号的补胎胶片、黏合剂、砂纸以及粉笔。

←这种车筐可以安装在自行车的前部，车把下面。车前筐应该用来放置你经常用到的物品。

划艇旅行

独木舟和皮划艇都是古老的交通工具。如今的独木舟和皮划艇运动分为静水划艇和激流划艇两类。独木舟和皮划艇在行进过程中可能会被过于湍急的激流、拦河坝或没有标记的水闸所阻。

船只与划桨的选择

现在市场上有多种类型的皮划艇可供选择，但所有的类型都是单人座位的。皮划艇的选购主要是检查其浮力：浮力分布要平衡，确保在沼泽地带也能漂浮。

↓激流独木舟上放有安全气袋，以便船舱进水的时候仍能漂浮。当在平静的水面行进时，你可以将安全气袋拿掉，以腾出空间放另外的器具。

↑这种激流皮划艇适合皮划艇新手使用。当然这种皮划艇也可划行于静水和沿海保护性水域。

防水裙

防水裙是一种围在划桨人腰间，将整个座舱封住，防止水溅入船舱的防水装置。在水面平静的河流上划艇是不需要围防水裙的。在使用防水裙的同时，你还得掌握如何快速脱掉它的技能，以便翻船的时候迅速离开船。

皮划艇上一定要有一个座位和脚凳，这样划桨的时候才有着力点。

独木舟既有单人座的，也有双人的。双人座的独木舟能够乘坐两个人，并且能够存放几天所需的物资。双人独木舟可以仅由一个人来划，而单人独木舟如果坐上两个人的话，则有翻船的危险。除单人和双人外，还有3人以上的多人独木舟。其中双人独木舟的选择范围较大，从较贵的原木到较便宜的合成材料（如铝合金、聚合物合金）都有。如果你所划行的水流水位较浅且多岩石，还是挑选合成材料的比较合适，因为合成材料的独木舟抗撞击能力更强。

划桨的选择标准是：牢固、分量越轻越好。此外，还要有合适的长度。

第4章 旅行

←皮划艇划桨的理想长度是你的站立身高加上你的臂长。独木舟的划桨则要比皮划艇的划桨短。

皮划艇划桨的理想长度是你的站立身高加上你的臂长。独木舟的划桨要比皮划艇的划桨短，因为它的划桨只有一头。原木制作的虽然比较美观，但是价格比较贵。而合金或塑料材质的划桨则要便宜得多。你在选购或租赁划桨的时候，要亲自试一试各种不同的类型。同时不要忘记带一把备用的划桨，以防划桨损坏或丢失。

➡ 救生衣

救生衣是一种重要的救生设备。无论你对自己的游泳技能多么自信，都要在划艇的时候穿上救生衣。救生衣穿在身上一定要贴身，同时又要不影响双臂的灵活性。下水前，要检查一下救生衣是否束紧。如果从肩部可以扯下来，则表明太松，需要把皮带再系紧一点。

➡ 头部防护

划艇运动虽然并没有硬性规定一定要戴头盔，但建议你最好还是戴上，特别是在激流上划艇的时候。头盔的型号应该与你头部的大小相适应，太大容易脱落，太小则会有不适感。此外，你所挑选的头盔一定要带有安全标志。

➡ 衣服

穿着什么样的衣服取决于具体的天气状况。划艇运动的穿衣原则是：衣服在弄湿的情况下，不会变得很重。按照这一要求，聚酯和聚丙烯面料的衣服就要比全棉的衣服好，因为在打湿状态下它们的保暖性能相对全棉衣服更好些。

在空气阴湿、水温较冷的情况下，你应该穿一件聚酯和聚丙烯绒衣或者是潜水服。在风大的日子，可以再穿一件防水的带帽薄防风衣，这样更有利于上身的保暖。天气好的时候，穿一件T恤和短裤就够了。

←在天气晴好的状况下，保暖内衣、运动短裤、软运动鞋和救生衣就是一套理想的划艇行头。

🡒 鞋子

划艇时穿的鞋子不可以太笨重，然而又不能不穿鞋子，否则在河岸边行走时容易打滑。凉鞋是比较适合的类型，分量比较轻。即便是翻船了，穿着凉鞋游泳也不会感到太重。另外，潜水鞋或专业的水上运动鞋也有很好的防滑性和舒适性。但如果你平时不怎么划艇，那么专门买这种鞋子是不划算的。

→带帽薄防风衣具有很好的防雨作用。皮划艇运动所需的防风衣款式应该是：紧身、齐腰、不束缚上身运动。

↑皮划艇旅行所需携带的附属物件可能包括：手动抽水泵、小刀、指南针、高频收音机、晶体管接收器、照明灯以及手机。

↑合适的头盔应以戴在头上不向前滑为宜。不合适的头盔根本起不到良好的保护作用。

↑适宜在温暖天气里穿的鞋子是凉鞋，它具有轻便、舒适的特点。

↑这种专门适用于水上运动的鞋子，即使在弄湿的状态下，仍然具有较好的保暖作用。如果你经常从事皮划艇运动，则非常有必要购买这种鞋子。

骑马旅行

骑马旅行是家庭探险的最佳非徒步旅行方式之一。在采取这种旅行方式时,你得考虑到如何在途中保证马的饲料与水的供应,当然也包括你自己的食物供应。但是,总的来说。骑马旅行绝对是一种十分令人愉悦的旅行方式,它让你悠闲地徜徉在乡间小道之上尽情地欣赏周围的自然风光,并可以随时用相机把这些美景记录下来。

▶ 马匹的选择

一次成功的骑马旅行一定要有一匹合适的马。当你从养马中心租借马

清理马蹄

建议用专门清理马蹄的小铲子抠出嵌在马蹄内的泥土和小石头,先清理后跟部位,然后清理脚趾。当大的嵌入物清理完毕后,再用刷子将残留的泥沙刷出来。在此过程中,要注意掌握轻重,避免伤到马蹄。

↑马匹清理主要的工具:马刷、金属马梳、长毛马刷、水刷、橡胶或塑料马梳、带刷的马蹄清理铲以及仙人掌式的清洁布。

匹的时候,你得了解一下该马匹驮人或驮物的经验及其习性。有些国家对这些载重的马匹有一整套规范的训练方法,因此在租马的时候你应该了解一下该马匹接受过哪些专业的训练。

你不但要熟悉自己马匹的习性,也得了解团队中其他成员所骑马匹的习性,比如哪匹马喜欢尾随在其他马的后面、哪匹马的速度最慢等等。整个团队的行进速度要与速度最慢的马匹保持大致同步。另外,你还得弄清楚你将要骑的这匹马是否适合没有骑马经验的人骑以及其是否适合驮你所

↑图中上面的两顶帽子是安全帽,可以与柔软的丝棉帽配合起来戴;图中靠前的那顶帽子是典型的传统骑马帽。

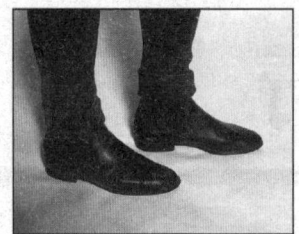
↑这种短马靴与骑马裤一起穿,可以有效地保护骑马人的小腿。

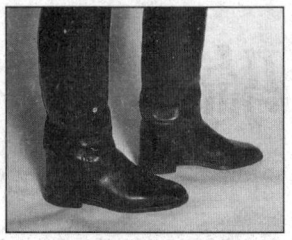
↑长马靴可以是皮的,也可以是橡胶的。其窄小的鞋型与较低的鞋后跟是为了方便双脚踏在马镫上。

打算携带的器具。

此外,你还得打听一下该马匹所要求的马厩设施及其他是否适合在夜间的陌生地形下行走等事项。

➡ 衣物

骑马旅行对穿什么样的衣服并无特殊要求,首要的原则是安全。

在许多国家,很多骑马的人都会戴一顶硬质的帽子,可以在跌落下马的时候起到保护头部的作用,减少严重受伤的可能性。当然这也并非硬性的规定。

除了帽子之外,安全的靴子也同样重要。骑马者穿的靴子可以是短马靴,鞋底光滑的皮靴或者其他有明显后跟的靴子,它们都可以较好地防止脚从马镫上滑落。

骑马时所穿的衣裤要舒适,不应该有束缚身体的感觉。上身穿一件衬衫,外加一件羊毛衫或抓羊绒衫,下身配一条舒适的牛仔裤或骑马裤就是一身理想的骑马装束。衣服的颜色宜选深色,长袖优于短袖。无论天气多么炎热,都不能穿无袖的沙滩装。

骑马时穿的衣服要扣好扣子,否则衣服被风吹起后的拍打声很容易使马受到惊吓,而且在穿越树林的时候也容易被枝杈钩住。有一些马对那种防水的纤维面料所发出的摩擦声比较敏感和紧张,因此要避免穿这种面料的衣服。如果你

↑宽边遮阳帽能够减少阳光对眼睛的刺激,但是当有东西从头上落下时却并不能对头部起到有效的保护作用。

第 4 章 旅　行

←这种专门的马鞍挂袋需要固定于马鞍上,悬挂在马的两侧。

←这种鞍垫的内层是帆布,外层是抓羊绒,其边侧的小口袋可用于存放一些常用的小物件。

留长发,务必将头发扎起来,以免惊吓到马并减少被障碍物羁绊的可能性。一些比较凸出的首饰,如耳环、手镯等,不适宜在骑马的时候佩戴,因为这些首饰万一被某些东西钩住势必会造成某种程度的身体伤害。

装备

马是一种强壮的动物,能够承载很大的重量。但是,炎热的天气和漫长的路途对马来说,仍然是一种不小的压力。因此,你仍应该尽量减少行李的重量,以减轻马的负担。除了你自己的野营器具和衣服外,你还得考虑到马的饲料以及其他马具。你得根据沿途所预期的天然青草量来决定所应携带的饲料量。如果你前往某个偏远的地区,最好带上备用的缰绳、马镫等物件,以备物件发生损坏时拿出来使用。

行李上马

为了便于在马背上装载行李,你可以在马鞍两侧装上两个箩筐。在箩筐里放置器具的时候,要注意不能有任何刺戳到马身体的器具。此外,注意不要将东西悬挂在箩筐或马鞍上,以免对马造成惊吓。所有的器具都要装在包裹里面,两侧箩筐所装载的行李重量要保持大致平衡。

体能与训练

在开阔的乡野骑马旅行远比徒步或骑自行车旅行来得轻松,因此其对身体素质的要求也不会太苛刻。而且,你并不需要是一位有经验的骑手,因为受过专业训练的马匹通常都比较温顺、易于操控。当然,如果你之前从未骑过马,那么还是有必要在正式出行前花一些时间来进行练习。

驾车旅行

如果你打算在探险行程中使用一辆甚至数辆车，你得先确定自己需要哪种类型的车辆并要决定是自己驾车前往目的地还是到达目的地后再租车。

如果你们是前往那些没有正规道路的偏远地区，建议你们至少开两辆车去，最好是3辆车。这样的话，如果其中的一辆车抛锚了，就可以由另一辆拖到安全的地方。在探险途中，你需要注意对车辆的维修和保养。你应该具备独自进行一些简单的车辆维修保养的能力，如果有必要的话，你可以在出发前参加一些关于车辆养护的培训课程。

↓在租赁车辆的时候，要根据驾车的地形环境进行合理地选择，尽量使车型符合实地条件。

➡ 自己驾车

自驾车前往探险目的地的缺点在于费用更高，牵涉的行政手续也更复杂；而其优点则在于更便于携带所有必要的汽车零件和修车工具。

➡ 租车

如果你打算从当地的租车公司租赁汽车，那么在租车的时候首先要对该车进行一翻检查（包括轮胎、方向盘、车灯、刹车等），然后上路试开一段。选择车辆要仔细：长轴距的汽车内部空间更大，但是灵活性较差；动力强的车能够适应各种地形，但同时也比较耗油。与柴油发动机相比，汽油发动机的质量更轻、动力更强。但是，在低速挡的状况下，柴油发动机的工作效能更为出色，因此在地面崎岖的地带，还是使用柴油发动机的汽车更为可靠。而且，柴油的价格要远低于汽油，柴油发动机的耗油量相对也更少。

在有些国家，是不允许外国游客驾驶汽车的，所以你必须雇佣一个司机。雇佣一个司机的优势在于：司机比较熟悉这个国家的行车路线，因此可以充

第4章 旅 行

←在积雪很厚的道路上,你要将4个车轮或者仅两个后车轮套上雪链。在为轮胎套上雪链之前,要先确定轮胎的气压处于合适的数值,否则雪链将损坏车轮胎。

当你们的向导和翻译。其劣势则在于:你们会少一个座位,还有可能与司机合不来甚至听不懂司机所说的话,或者可能司机没有按照你们所要求的路线行进等等。在雇佣司机之前,你得确定自己能够与该司机愉快地合作。此外,建议你最好承诺该司机在其表现较好的前提下,旅行结束后支付给他额外的小费。

➡ 备用零件与车辆维护

你的汽车上一定要备有一只充足气的备用轮胎、一个起重器以及一把撬轮胎用的扳手。此外,你还得确认一下租车方是否提供了其他一些必需的物品,如灭火器、急救箱、三角警告牌等。无论是什么时候前往那些没有正式道路的偏远地带,你都应该带上备用汽油、备用内胎以及包括撬胎杠杆在内的一整套修车补胎工具。

旅行中,只要一有机会,你就应该将油箱加满油,千万不要错过能够加油的机会。如果你所得到的燃料油不是很纯净,可以先用漏斗过滤一下,再灌进油箱里面。

每天结束一天的行程之后,你都应该对你的车辆做一翻检查,特别是轮胎、油箱的油量和水箱中的水量等。

➡ 装货

如何在汽车上装货是一个重要问题。如果是在封闭式的道路上行驶,那么车顶架所放置行李的高度不得超过该车原定允许装货高度的3/4。

➡ 夜间驾驶

夜间驾车的时候要格外小心。

▶ 在地形恶劣的道路上驾驶

在路况较差的地带驾驶时，较为稳妥的做法是：放慢速度。如果有必要的话，要停下来查看一下前方的路况。在泥泞的道路上行驶时，要尽量沿着道路的中央行驶，避免出现车轮原地打转或者发动机碰到岩石的状况。除非是在路面坚硬的情况下，否则应该采用四轮驱动的方式。当车轮陷入泥坑或沙坑里面时，可以试着先向后倒车再往前冲，或者用人力把车推过去。如果这两种方法都失败了，可以尝试挖开轮胎前面的泥土来形成一个缓坡的方法，以便让轮胎顺着这个缓坡慢慢地走出泥坑。此外，将诸如树枝、帆布以及任何可以增加轮胎摩擦力的东西垫在地面都可能会有所帮助。

▶ 摩托车

如果你是在气候温和的地带单独旅行，那么选择摩托车作为交通工具

↑把汽车从一个大泥坑中开出来是一件需要很多技巧的事情，因此你绝对有必要在正式出行前练习这一过程。

是一个不错的主意。摩托车车型小巧，便于在各种地形中穿梭，但是也需要更多的养护：每天洗车并检查所有连接处的零件。

以摩托车作为交通工具就意味着你所能携带的行李数量要受到严格的限制，而且你的行李中需包含一些备用的零件和修车工具。大多数行李应放在摩托车的后部，当然也不能超重，否则会影响摩托车前轮的稳定性。车两边悬挂的行李越小越好，可以减少风的阻力。

如果你所前往的地区摩托车不太常见，那你就得格外注意道路上的其他路人，以防交通事故的发生。

←骑摩托车旅行也是令人振奋的，但要注意别让车子超载，以免造成车体摇晃不稳。

第4章 旅行

乘坐公共交通工具旅行

在旅途中的某些路段，你势必会用到某种公共交通工具。你有可能仅仅乘坐公共交通工具到目的地，也有可能是使用公共交通工具完成整个旅行。不同的国家，其公共交通的质量不同。有些国家拥有井然有序并且一体化程度很高的现代化公交系统。而一些地方的火车、渡轮和巴士通常都比较拥挤和不舒服，你最好备有自己的食物、水和厕纸。

↓登机临检一定要准时或者提前一些时间，以免误机。

➡ 飞机

飞机票的超额预订是常常会发生的事，然而在一些国家往往没有一个健全的机票预订系统，你到了机场之后常常会发现你所预订的航班机票已经以5～7折的折扣被售空。如果你真的不幸遇到了这种状况，那么应通过恰当的方法，尽量使自己登上飞机。如果你打算采用包机或私人飞机的方式，你得事先确认一下你的旅行保险单是否涵盖了这种交通方式。

🠖 火车

在很多国家，火车车厢都是分3个档次的。如果你所进行的是一次长途旅行，特别是得在火车上过夜的情况下，建议你最好还是多花一点钱坐一等车厢或者至少是二等车厢，因为三等车厢通常都是拥挤不堪、令人感觉很不舒适的。

如果你是独自一人旅行，一般来说，你最好还是坐一等车厢，因为一等车厢有更宽敞舒适的空间和更多的服务人员提供各种服务。如果你所乘坐的是长途列车，你最好事先检查一下自己的卧铺是否完好。需要注意的是，有些国家的卧铺列车是实行先来先坐的原则，而且没有男女隔离。在火车上，你要时刻将自己的行李放在自己身边。晚上，你应将窗户关好，以防夜间中途停靠的时候有人从窗户爬进来。

↑如果你是独自一人或者是在晚上乘坐火车，建议你还是多花点钱坐头等车厢。

🠖 当地渡轮

在许多国家，渡轮的船舱也分好几个档次。头等舱是单人间，而三等舱则可能仅仅是在露天的甲板上。记住，如果你坐头等舱的，你很容易会成为渡轮上的小偷的行窃对象，因此晚上睡觉的时候一定要记得把门关好。

有些渡轮的航行速度是随着河流水位的高低（由于旱季和雨季的结果）而呈季节性变动的，因此在你决定乘坐渡轮的时候需要考虑到这一因素。

←如果你是坐渡轮旅行，你最好预先制订一个应急计划，万一到时候迟到而误了时间可以采用应急计划。

第4章 旅行

↑如果你打算用小船在河流上漂流，你必须要确保每个成员的人身安全（每个人都应该配备一件救生衣）。

🡆 巴士

热带国家的巴士通常在黎明时分就会发车，以便利用一天中较凉快的时段。赶巴士最好提早一点，但是通常你还是得在车上等候一段时间，因为司机要等到位子全都坐满了才会出发。通常你的行李会被要求放到车顶行李架上，但是贵重物品还是放在自己身边为好。

乘坐长途巴士是一种结识友善的当地人以及欣赏沿途美景的好方式。

安全提示

⊙货币、护照及其他贵重物品要时刻放在身上。

⊙不要使用没有拉链的包。此外，在拥挤的地方，要双手捂紧自己的包。

⊙携带多种形式的货币（旅行支票、现金、信用卡），并要分开放置，以便在遭遇抢劫的时候能减少损失。

⊙在火车和渡轮上过夜时，务必关好舱门和窗户。也许你需要在门把手上再加一把挂锁。

⊙务必购买所有必要的保险，以便失窃之后能得到补偿。

保持一种开放的心态将会让你在旅途中遇到一些意想不到的有趣经历。

🡆 当地的出租车和小巴

在乘坐出租车的时候，你要看清楚车上的计程器。如果车上没有计程器，则最好事先同司机讲好价钱。在有些国家和地区，小巴是一种最便宜的交通工具，但同时也非常拥挤并且容易发生交通事故。

←美国"灰狗"长途汽车的交通网络遍布全美，是背包旅行者在美国旅行时常用的一种经济型交通工具。

第5章 ▶ 野营装备

在野营过程中,人们的活动常常会受到一些自然力的支配和影响,如日出日落、天气变化、地理位置、最近的水源以及燃料的供应等。一次舒适的野营取决于你在选择扎营地点、搭建帐篷、生火和确定路线等方面的技巧。

• 野外生存必备手册

选择营地

世界上很少有十分完美的营地，因此在实际选择营地时你得在一定程度上做出取舍。选择营地时优先考虑的因素有：你将在营地驻扎多久、你所搭建的帐篷有多大等。在选择的过程中，你心中最好有一个大致的选择标准，以便更清楚自己需要注意哪些方面。

↑在天气炎热的国家，如果营地边有一片树荫将是一个很大的优势。如果你想使用某个人气比较高的营地，最好事先预订。

➡ 勘察

对于一次长期的野营来说，特别是人数较多的团队，你需要事先做一个详细的计划并在整个团队到达之前预先进行实地勘察。如果选择在一片

私人领地上扎营，你得事先得到主人的允许。其实，无论是勘察专门的营地还是在野外，需要注意的事项都是差不多的。

↓如果你是在一个有潮汐的水域边扎营，一定要把营地选在高于涨潮标记的地方。

↓在河边扎营通常不会很安静。同时你必须要确定在涨潮时，你的营地不会受到丝毫影响。

选择营地时的注意事项

选择合适的营地时，首先要考虑的是：该地是否能避开风的吹袭以及附近是否有可供饮用的水源。满足了这两个基本条件后，根据你所在的地区和当时的具体情况，还应注意到下列事项。

⊙ 地面应该较为平整，不能有太多的碎石和枝杈，以免损坏防潮垫和睡垫。

⊙ 山谷或洞穴不适宜做为营地，因为这种地形在夜晚就如同一个风窝。

⊙ 干涸的河道不能做为营地，因为有时候洪水会出人意料地来临。

⊙ 沼泽地或看似沼泽地的地方是绝不能做营地的。

⊙ 确认一下在该地扎营是否需要有关机构或人员的许可并且支付一定的费用。

⊙ 帐篷桩和支索应该能够较容易地钉入地里。

⊙ 营帐周围不应该有树木、石墙以及其他结构松散的石头建筑，以免其突然坍塌压到营帐。

⊙ 如果营地靠近某个水域，营帐一定要驻扎在高于最高涨潮点的位置，而且你得确定该水域没有鳄鱼等危险动物出没。

⊙ 营地的周围不应该有虫蚁以及蛇类的洞穴或灌木丛。

⊙ 在气候炎热的地区，应选择有足够树荫的地方做营地。

⊙ 营帐不宜太过靠近水源或湿地，因为这些地方夜间多蚊虫且易招引野兽。

⊙ 营地周围应有充足的柴火。除非这一地区允许伐木，否则你只能捡一些地上的枯树枝来生火。

⊙ 你所选择的营地不应该是当地人放养家畜的地方。通常，这些地方的地面上会有一些残留物，如粪便。

⊙ 你所打算驻扎的营地不应该有家畜的出没以及任何活动痕迹。

⊙ 如果是在山区，营地绝对不能驻扎在可能会有雪崩或泥石流的地方。

⊙ 如果地面已被厚厚的雪所覆盖，你得用滑雪杆竖直插入雪地，以检验该地面是否足够坚实。

➲ 何时勘察

如果你将在某个地方过夜，那么你应该在天黑以前的两三个小时就开始选择合适的营地。这样就可留下一段时间将帐篷搭建好并准备好食物。如果你在前往目的地的途中发现某个地点景色非常怡人，你也可以在那个地方逗留一番。当你错过了一个好的地方，而前方的地形又不适合作为营地，那么你也可以原路返回原来那个适合作为营地的地点。

➲ 勘察要素

选择营地的首要原则就是要尽量避免任何极端情况。在气候炎热的国家，营地应该选在有树荫的地方。而在气候寒冷的地区，选择营地的首要考虑因素是背风。合适的营地应该是

↑树根已被严重破坏的树木很可能被强风刮倒,因此将帐篷设置在这种树木附近是非常危险的。

↑如果你不得不在树林中扎营,应选择地面上无腐烂的树枝树叶的地点作为营地。

比较干燥的,这也就是说应该选择地势相对较高的地方作为扎营地点。这样一来,你不仅能避免潮湿的沼泽地,而且还不会将自己置于一个冷风窝之中。如果风很大,你应该让帐篷的门背对着风。

如果营地处有水源将是一个优势,但是你得确认一下该水源的来源。你不能够仅凭当地人饮用该水,就得出能够安全饮用的结论。除非你有十分确定的证据证明该水源是安全的,否则你都应该相应地做些水的净化处理。千万不要将帐篷驻扎在太靠近水源的地方,比如说小溪,因为晚上靠近水源的地方通常会有很多的蚊虫。而且水源边上还可能会有动物出没饮水。

如果某地的治安较差,有抢劫和盗窃的记录,你最好向当地的警察局询问一下安全的扎营地点。有时,他们会向你们提供一块在他们的有效控制区内的营地。如果你将在某个地方停留较长一段时间,则要尽量和当地的老百姓建立良好关系。特别是要与当地的政府搞好关系,因为你们在该地停留期间,在物资供应及调解纠纷方面肯定需要他们的帮助。

↓对营地的周围情况应做一定了解,某河道可能会由于几十千米外的上游下大雨而发大水。

布置营地

营地的具体布置方法取决于营地的所在位置、天气状况、帐篷的大小以及个人喜好等因素。但是，出于为了野营者的人身安全考虑，有一些不变的黄金法则值得人们去遵循。

➡ 帐篷的位置

帐篷的搭建应该遵循背对风向的原则。如果有可能的话，可以利用树木或者灌木来作为一道天然的挡风屏障。如果该地区的气候比较炎热，那么帐篷还应该搭建在树荫的下面。但同时你也应该注意，树木上可能会有一些枯枝断权掉下。此外，睡觉和休息区域应远离煮食区和如厕区。如果该地区盛行某种风向的话，睡觉区还应处在煮饭区的风向的上游。

➡ 如厕区

如果你所在营地没有固定的厕所，那你就得在远离睡觉和煮食区的顺风处自行搭建一个临时的如厕区——利用天然的屏障或用帆布或防潮布围起一块区域。你可以用铲子或刀在地上挖一个小坑，作为大便的地方。排泄完毕后，用土将排泄物覆盖，并将厕纸烧掉。小便处则应设置在另外一个不同的地方。同样地，你也可以挖一条小沟，作为小便的地方。每次小便完之后，也用泥土将其覆盖。需要注意的是，每次方便完之后都要用泥土将其盖好，否则排泄大小便的地方很容易滋生微生物和细菌。

➡ 盥洗处

如果你需要设置一个洗衣服的区域，则该区域应远离睡觉和煮食区。

合理地使用水

如果你们的营地附近有小溪或河流，请合理地使用水源。

⊙ 饮用和煮饭用的水应当取自河流（指营地所在的一段河道）上游。同时，你也得确定你们的饮用水区在动物饮水处的上游。

⊙ 河流（指营地所在的一段河道）的中游段可作为团队成员洗漱的地方。

⊙ 河流（指营地所在的一段河道）的下游段则作为洗菜和洗餐具的地方。当然，这里也可以洗衣服，只是注意不要使用洗衣粉或肥皂，以免污染水源。

↑位于树木下的营地能够遮蔽阳光，但同时也有遭遇枯枝断权落下所带来的危险。

晾衣服的绳子应安置在夜间人员走动较少的区域。

▶ 营火的位置

营火的位置应该距帐篷一定的距离，以免柴火燃烧时爆出的火星把帐篷烧出小洞。此外，生火的位置应位于帐篷的顺风处，并要远离树木和灌木丛。

▶ 食物准备区

准备食物的区域应距离睡觉的区域一定距离，以防夜间动物被食物引诱所发出的响动影响到你的休息。同时，也远离被食物的香气所吸引的苍蝇。如果可能的话，最好在煮饭地点的附近单独搭建一个用于存放食物的小帐篷。切记不要将食物放在睡觉的帐篷里面。

▶ 社交中心

在远离睡觉和煮食的地方，可以选择一个大家一起做事、聊天或进行其他活动的场所。这一区域也就是整个野营团队的社交中心。每一个在此区域活动的成员都有义务保持该区域的整洁。

▶ 泊车区域

一些大型的野营营地往往会有正规的通车路径。如果你们的团队是自己驱车前往的，那么在布置营地的时候要记得预留出一块地作为泊车之用。需要提醒的是：不要开车围着营地打转，以免造成不该发生的事故。

第5章 野营装备

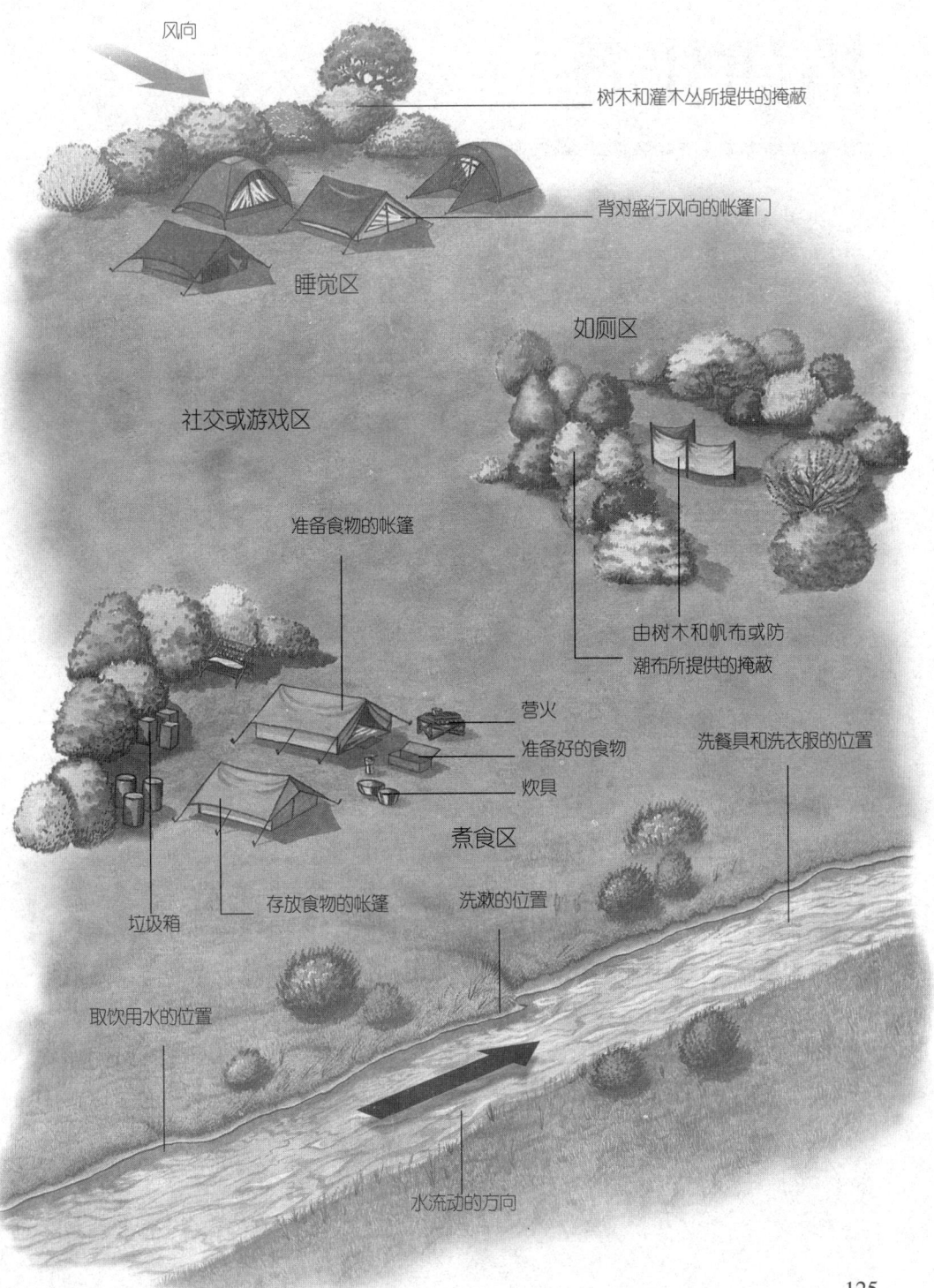

125

搭建帐篷

一旦完成了营地勘察之后，你就可以开始搭建帐篷了。不论是什么类型的帐篷，你都需要遵循大致相同的搭建方法。首先，你应该按照帐篷制造商所提供的使用说明书上的步骤来搭建帐篷，特别是在首次搭建帐篷的情况下。当然，如果上一次搭建帐篷的经历距今已有很长一段时间，你需要再次熟悉搭建帐篷的步骤。

建议你在出行前练习一下搭建帐篷的步骤（你可以在自己的院子或其他空地上进行练习），以便能够及时解决自己所碰到的问题并在正式旅行中迅速完成搭建帐篷的任务。在旅行途中，你有可能会遇到天气比较糟糕的日子。你可能不得不在风雨交加时搭建帐篷。因此，如果你能事先熟悉搭建帐篷的步骤和技巧，就会更得心应手了。如果你每次搭建帐篷的时候都遵循完全一致的步骤，经过多次重复之后，整个搭建帐篷的过程就会变得十分自如。

如果你所使用的帐篷是棉质的，在正式使用之前，最好先把它搭起来，弄湿，然后让其自然干燥。

➡ 检查地面

搭帐篷的时候，第一件要做的事就是检查一下你打算扎营的那块地面。扎营的地面必须平整，不能有可能会积水的坑洼。该地的土质是否能让你轻易地将帐篷桩打入其中？你所选择的地块是否有很好的屏障来遮蔽大风？当然，帐篷也不能太过靠近屏障物，以免被屏障物上掉下的东西砸到。当你对该地块的位置感到基本满意后，下一步要做的事就是清除地面上的石头和树枝等尖利的物体，以免戳破防潮垫。此外，如果地面上有比较明显的隆起的小土块，最好将其整平。

➡ 各部件的组装

如果你所用的是一顶新帐篷，搭建的时候最好先阅读一下说明书并检查零件是否齐全。大多数帐篷的搭建都是按照先搭内帐后搭外帐的顺序，当然也并不全都如此，因此你最好还是先查阅一下使用说明书。一般来说，搭建帐篷的第一个步骤总是先组装帐篷杆和帐篷桩。然后，根据不同的帐篷类型，搭建的步骤可能会有所不同。

搭建帐篷的时候，要确保将所有的拉链全都合上。

现在的帐篷，尤其是穹顶帐篷，帐篷杆都比较细。为了使帐篷更为稳固，可以在每根帐篷杆的连接处缠绕一些绷带。这样可以有效地防止这些连接处在强风的侵袭下被抻开。

←穹顶帐篷十分牢固，但是一旦其中的一根帐篷杆断了，其牢固性就会大打折扣。

搭建穹顶帐篷

1. 检查一下是否已备齐了所有的帐篷零部件。如果该帐篷分内帐和外帐，则将两者连接起来。务必确保所有的拉链都要拉上。

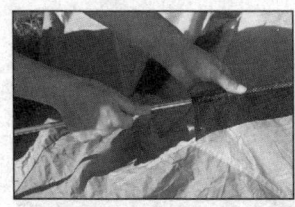

2. 组装帐篷杆——将其塞进帐篷的套筒里面（很容易推入）。

3. 将帐篷杆的末端固定在帐篷桩上，以便将整顶帐篷支撑起来。

4. 将内帐的帐篷杆向外拉伸，并将其与帐篷桩固定在一起。然后，使劲将帐篷桩按入地面，确保它不会被大风轻易拔起。

5. 将外帐的帐篷杆向外拉伸，并与帐篷桩固定在一起，再检查内帐是否正确连接。如果你要重新固定帐篷桩的位置，可借助另一根帐篷桩将其拔出来。

6. 将所有剩余的固定绳都固定在帐篷桩上，然后将多余的帐篷桩收起来放好。

↑ 这种传统的山脊帐篷在野外探险活动中使用十分普通,其优点是易于搭建、能够适应各种恶劣的天气状况。

搭建山脊帐篷

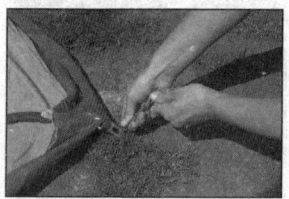

1. 将帐篷从包中拿出,查看一下是否所有的部件都已齐全。然后将内帐平铺在地面上,并将帐篷的四个角用帐篷桩固定在地面上。

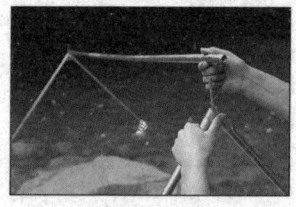

2. 将帐篷的支架组装好。组装之前,务必弄清楚每根帐篷杆之间的相互连接位置,否则是很难装上去的。

3. 将内帐挂到组装完毕的支架上。然后将外帐覆盖到支架上面,并在需要的部位与内帐相连接。

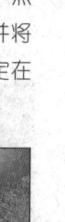

4. 如同内帐的四个角一样,将外帐上的定绳也用帐篷桩固定在地面上。在实施这一步骤时,务必将有拉链的地方拉上。

5. 外帐上的所有定绳和支索都固定完毕后,外帐应当被完全撑开,并且不会和内帐相接触。

6. 帐篷门的拉链应该被拉开,以利于空气的流通。外帐支索的固定位置可以重新调整。务必要使内外帐不相接触。

第 5 章 野营装备

↑你搭建帐篷的时候可能风和日丽，但是即便如此，你仍应该固定好所有的支索以防天气变化。

搭建家庭帐篷

1. 将帐篷从包裹中取出，按照说明书检查上面标明的配件是否齐全——帐篷桩、内帐、外帐、帐篷杆以及支索等。

2. 举起帐篷杆将整顶帐篷铺展开来。

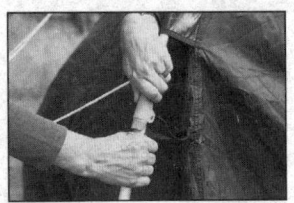

3. 固定好各个连接点，树起帐篷的整个支架。

4. 将一些另外的帐篷杆推进帐篷的筒套里面。这一框架所构成的是帐篷的门。该过程中，注意不要将帐篷布或帐篷杆弄坏。

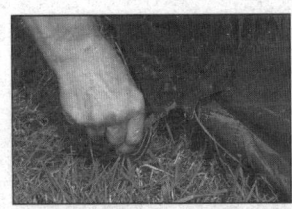

5. 将帐篷四周的支索都牢牢地固定于帐篷桩上。

6. 如果在帐篷外还要罩上一层防雨层，则应先将防雨层与内帐连接好后，再固定支索。

搭建屋式帐篷

1. 将帐篷取出包裹，并检查零件是否齐全。

2. 将主帐篷翻转过来展开在地面上。

3. 将帐篷的横梁套进主帐的筒套或绳圈里面。

4. 将支杆上的长钉套入横梁两端的孔眼里面。

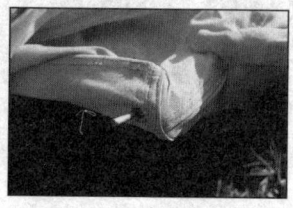

5. 将长钉穿出帆布帐篷的加固孔。

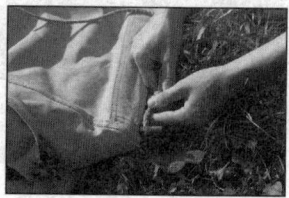

6. 将帐篷翻转过来，并系上主要的支索。

7. 每个人抓住横梁的一头，将帐篷竖立起来。

8. 用木桩标出支索将被固定的位置，以便让整个帐篷的支架立起来。

9. 将帐篷门的拉链或绳结系紧。

10. 用木桩标出帐篷边墙的固定位置。

11. 将帐篷边墙的支索固定于木桩上。

12. 检查整个帐篷。如果该帐篷没有内置防潮垫，那就需要再在帐篷里面铺上一层防潮垫。

建立大本营

对于一次时间较长或人数较多的探险活动来说，在艰险的地形上从事一些极具挑战性的活动肯定要涉及到众多的装备。为此，你们有必要建一个大本营作为半永久性的物资供应基地。从这个"大本营"出发，你就可以携带更少的行囊从事探险活动了，比如徒步穿越一片原野、登山或者考古考察等活动。一些探险过程中用不着的物品都可以存放在大本营的营帐里面。大本营扮演着一个通信中心和物资供应中心的角色。大本营的扎营地点应该选在车辆可以到达的区域，并且该地的各方面条件应该都能够提供一个

↓一个大本营的搭建包含许多不同的细节。因此，在你搭建任何一顶帐篷之前，都应该先做一个关于营地布置的详细规划。

> **垃圾的焚烧**
>
> 并不是所有的垃圾都适合放人营火中焚烧。特别是对于一个人数众多且又将长期驻扎的营地来说，最好有一个专门的焚化炉来处理垃圾。当然，该焚化炉的位置应远离营帐。这种焚化炉可以是专门用于处理花园垃圾的普通镀锌焚化炉，也可以利用一个废弃的油桶——在桶壁上戳一些小孔，以利于焚烧垃圾所产生的烟能够更有规律地向四周散出。垃圾燃烧后剩下的灰烬可埋于小坑中，用做固体肥料。

相对比较舒适的环境。

用做大本营的帐篷更大也更重，搭建这种营帐自然要比搭建普通的临时性帐篷复杂多了。此外，你还得搭建相对正规的煮食区、如厕区并指定处理垃圾的临时场所。

➲ 大本营中的日常事宜

为了更便于处理大本营中的日常事务，你最好制订一套每个成员都能遵守的合理而又简单的规章。如果你们的团队人数较多，则最好将每日的用餐时间、

→一个长期驻扎的营地地点必须要谨慎地选择,该地应该能够较容易得到物资补给,并且要有相对完善的洗漱和方便设施。

开会或计划活动等事项张贴于帐篷的墙上。除了以上这些事项外,你们还可以规定一个晚上的熄灯时间和白天的休息时间,以便让那些想睡觉和休息的人有一个安静的环境。当然,这些规定要得到切实的执行才有意义。特别是当你们的营地离其他一个团队很近的时候,更要有比较规律的作息时间和活动安排,以免打扰到别人。

营地的安全

如果你们的团队人数众多,且不时会有成员离开或回到营地(有时在夜间),那么你应该制订一个方案,以使你能够清楚各个成员所处的位置及目前营地中有哪些成员等。这不仅仅是一种确保团队成员人身安全的措施(能够让你在任何时候都知道各个团队成员的所在方位),而且也能让你准确地准备所需的食物数量。

当所有或绝大多数的团队成员都准备离开大本营的时候,你最好雇佣一个当地人来帮你们照看营帐。

食物的准备

在营地的食物准备区,卫生是最重要的事。营地中准备食物的器具务必要保持干净,每天的垃圾都应及时处理掉,以免招来苍蝇及其他蚊虫。食物卫生如果不合格的话将很有可能导致大家都生病,在一些热带地区尤其容易发生这类事件。

所有的餐具和橱具每天都要用热水烫洗。炉子上的水壶最好时刻都烧着,以备随时取用。

如果可能的话,最好搭一个简易的架子用来摆放餐具、厨具和所有的

←在一个人数较多的营地里面,有必要指定一两个人专门负责准备全体成员的一日三餐。

→每天召集所有的团队成员开一次例会讨论一下当日的活动安排，这样会使大本营中各种日常事宜的进行更为顺利。

食物。这比直接放在地面上要卫生多了。而且在桌子上准备食物也要比蹲在地上轻松得多。所有新鲜的食物都要存放在密闭的容器或保鲜盒里面。

如果你打算将食物直接放在营火上烤，你得把柴火堆放得整齐一些。储水的容器应该时刻都装有水，并要分别标明饮用水和洗漱用水。

➡ 垃圾的填埋

对于一个需要长期驻扎的营地来说，不乱扔垃圾是一件很重要的事情。食物的残渣会招引某些动物和苍蝇。为了处理营地的垃圾，建议你在营地挖两个深约60厘米的坑：一个用于填埋固体垃圾，如压扁的罐头盒；另一个用于处理食物残渣和废水。

每次将固体垃圾扔进坑后，都要记得用泥土将其掩盖，以防招引虫蚁。在填埋垃圾的地方应该插上一定的标记，以免有人不小心踩到上面。在处理空罐头盒和包装袋的时候，能焚化的就焚化，不能焚化的则将其压扁以减小体积。

用于处理食物残渣的坑的表面应盖上一层蕨草，以过滤煮食物的废水中的残渣。这些过滤出来的残渣每天都应该用火焚烧掉。

布置营地

一个大本营一般会包含以下具体的区域，在搭建帐篷之前，你得考虑好各个区域的所在位置。

⊙营火区：应位于营地的中央，同时必须在帐篷的顺风方向。

⊙柴火堆：应在营火堆附近。其上应有物覆盖，以防弄湿。

⊙砍柴区：应在柴火堆的旁边，且应立有标志，以防发生事故。

⊙食物准备区：应在靠近营火且远离营帐的位置，其上应有棚遮挡，最好在水源附近。

⊙急救营帐：在一个大本营中，每个成员都应当知道急救箱所在的营帐。

⊙储物营帐：可依据方便的原则来确定其位置。如果你没有安排专门存放急救物品的营帐，可以将急救物品也放在该营帐里。

⊙如厕区：如厕区应位于其他营帐的下风处，并要用幕布隔开。

野外生存必备手册

轻装野营

所谓轻装野营,也就是一种将你所携带的野营装备减少到最低程度的野营类型,使你能够独自轻松地背负起自己的行囊。轻装野营所要求的装备都必须是用轻质材料制成的,能够装在背包以及独木舟或摩托车上的筐里面。

➡ 将行李的重量减到最小

轻装野营原本就是一种活动项目,但是很多人都将其作为进行其他活动的行李携带方式,如徒步、骑自行车或划艇。据一些轻装野营爱好者说,一次周末的轻装探险活动,你所携带的行李重量不应该超过9千克。要将你的行囊严格控制在这一重量之内是

↓轻装野营探险能够使你的行动更自由,让你探寻到常人不能到达的地方。

减少你的装备

自行车或皮划艇超载后不易平稳,从而大大增加了危险指数;而在徒步旅行的情况下,如果你背负过重的行囊,也会让你不堪重负,从而破坏旅行的兴致。

你所携带的装备重量最重不应该超过11千克,最好是控制在9千克左右。当你将所有的装备都堆在一起的时候,你得对这些装备进行取舍,以减少所携带的行囊重量。

⊙眼前的这些装备是否都必要。

⊙你是否需要一些容器来放置其中的一些装备。

⊙你所需的洗漱用品是否齐全,肥皂和牙膏是否可以带更小体积的那种。

⊙你是否需要刀叉汤匙等餐具,或者仅仅一个汤匙就够了。

⊙你是否真的需要那些你打算携带的衣物。

需要一定经验的。当然,如果你不是单人行动,而是有同伴随行,那么这一标准就比较容易达到了。因为有许多物品都只需要携带单份就够了,如帐篷、炉子、燃料和炊具等,同时你

→如果你所选择的营地视野开阔，也就意味着你的营帐可能要完全暴露于风雨之中。因此，要考虑到所使用的轻质帐篷是否能够禁得住强风的侵袭。

们又可以共同分担这些物品的重量。

⮕ 装备的选择

你所需要的野营装备既应该符合轻巧的标准，同时还必须有最佳的性能。这也就是说你所购买的野营装备不能太便宜。当然，越轻的东西也越容易被弄坏，因此你务必要严格按照使用说明书上的要求小心地使用和存放这些装备。

轻便旅行的技巧在于合理地选择你所携带的装备。在做这一决定之前，你得仔细考虑一下自己将前往什么地方以及该地的地形状况等因素。然后再根据这些问题来做出恰当的选择，以避免携带一些不必要的物件。当然，你的旅行经验越丰富，你就越清楚到底应该携带哪些东西。建议你在每次轻装野营旅行之后，把你的所有装备归为3类："经常使用"、"有时使用"和"从不使用"。被列入"从不使用"范围的物品，除一些急救物品外，其余的就可以排除在下次的旅行装备范围之外了。

同时，对于那些你在旅途中想使用而又没有携带的物品，你也应该列一个清单，以便下次旅行的时候可以增加进去。这样，经过多次旅行实践

之后，你就能够很好地将自己的行囊控制在最小的限度内，同时又能带上一切必需的物品。

⮕ 帐篷

单层的隧道式帐篷采用一种既防水又透气的材料，并有灵活且又轻便的支架和杆子，但同时其价格也是比较贵的。比这种帐篷还要轻便的是军用的临时小帐篷：无需支架，仅仅简单地覆盖于睡袋之上。

尽管轻质的帐篷也可能会有比较结

↑如果不得不在某个乱石丛生的地方搭建营帐，你可以将睡垫垫在帐篷的下面，以保护帐篷的防潮垫。

轻便装备

对于一次在温和气候条件下进行的为期3天的背包旅行来说，你需要携带下列个人装备。
- 衬衫、长裤、袜子、内衣。
- 皮质或纤维材料的旅游鞋。
- 风衣。
- 羊毛衫或抓毛绒衫。
- 防水的上衣和长裤。
- 帽子和手套。
- 单人帐篷或军用的临时小帐篷及防潮垫。
- 睡袋和隔热垫。
- 轻便的背包。
- 煤气炉和打火机。
- 燃料。
- 锅子、杯子及盖子。
- 汤匙和刀叉。
- 水壶和净水器。
- 食物及存储食物的包装袋。
- 哨子。
- 手表。
- 地图。
- 指南针。
- 急救箱。
- 基本的救生工具。
- 太阳镜和防晒霜。
- 驱虫剂。
- 洗漱用品。

实耐磨的，但你还是得小心使用，特别是帐篷的防潮垫（通常都是很薄的）。如果你不小心将这种轻便帐篷搭建在有尖利的树枝或石头的地面上，你的帐篷就很容易被戳破。避免这种情况发生的方法之一就是在地面上先铺一块睡垫，然后再将帐篷搭在睡垫上。这样一来，你既能享受睡垫所带来的温暖，又能有效地保护帐篷的防潮垫。

➡ 炊具

如果你是个地道的轻装野营者，你所携带的炊具应当是十分简单的。这意味着你必须谨慎地选择自己所携带的食物、餐具和炊具。也许你所应当携带的餐具仅限于一把小刀和一个汤匙。

如果你是在炉子上煮食物（且使用的是脱水食品），你得确保有足够的用于烧煮食物的锅。你所选择的锅子的锅盖最好是比较扁平的，以便可以用做煎炸食物的平底锅。煮东西的时候要记得看一下食物包装袋上标明的烧煮时间，以免烧煮的时间过长，从而浪费燃料。

每一件物品的选择也许只能为你减少一点点的重量，但是将它们统统加起来就能为你减轻不少的重量了。

第5章 野营装备

个人卫生

个人卫生应当在旅途中引起人们的足够重视。特别是当你置身于某个卫生状况极差地区的时候，尤其要注重个人卫生，否则你极有可能感染某种疾病。如果是团队旅行，你的个人卫生还关系到全体成员的安危，因此，在旅行途中要尽可能地注意个人卫生问题。

◉ 洗澡

如果有条件的话，最好每天都洗一个澡。洗澡的最佳时间是傍晚，也就是结束一天的行程或者营帐搭建完毕的时候。洗澡的时候，要特别注意清洁腋窝、腹股沟等部位，因为这些部位最容易因为白天长期受汗液的刺激而产生皮疹。

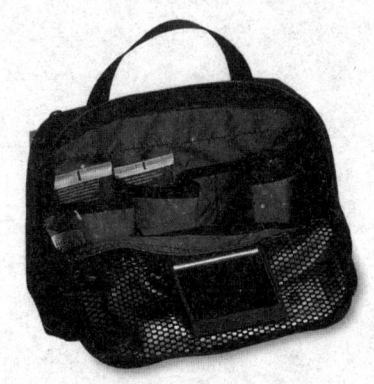

↑使用这种专门的防水盥洗用品包能够使你更整齐地摆放各类盥洗用品，并有助于你方便地找到所需要的物品。

耳朵后部也需要注意清洁。

如果用于洗澡的水极为有限，那么你就得减少肥皂或沐浴露的用量。因为如果肥皂或沐浴露的用量较多，而洗澡水又不够，那你就有可能洗不干净身上的肥皂水，而这又会对皮肤产生不利影响。

◉ 脚部

千万不要光着脚在地上行走，以免脚被荆棘或石子戳破或者被虫子咬伤，致使行走不便。

←当你兴致盎然地在野外游玩时，你得比平时在家的时候更注重个人卫生。

盥洗用品

如果将在野外驻扎较长一段时间,你应该带上个人的所有盥洗用品。从大本营出发进行短期的远足或探险时,你所携带的盥洗用品则应简要。避免携带用玻璃瓶装的盥洗用品,以免在携带途中破碎。除了玻璃瓶外,其他任何易碎易爆的用品一概要避免。

当你结束了一天的行程或活动而准备休息时,第一件应该做的事便是洗脚。把脚放在火堆旁烤的时候要保持警醒,以免被火烧到。洗完脚后务必要擦干,并检查一下脚上是否有水泡。如果发现有任何水泡或伤口,一定要及时进行处理,以免伤口进一步恶化。此外,最好每天都能穿干净的袜子。

晚上睡觉的时候,应该将潮湿的鞋子放到帐篷外晾着。如果可能的话,最好在鞋子里塞一点报纸,以吸收潮气。此外,还要记得把里面的鞋垫拿出来。不要为了干得快而将皮靴拿到火堆旁去烤,这样只会损伤皮靴的皮质。

眼部

如果你将在某个多风沙的地区旅行,你得带上一些洗眼水。每天晚上,建议你用洗眼水洗一下眼睛。

如果你将前往某个气候干燥炎热的地方旅行,那么即便你平时是戴隐形眼镜的,此时也应该将其换成框架眼镜。因为戴隐形眼镜的时候,如果经常有灰尘进入眼镜,很容易导致眼睛发炎。

牙齿

刷牙所用的水必须是净化过或消毒过的水。不要直接用河水来漱口,除非你确定该水源是干净无污染的。

衣物

旅行途中及时换洗衣服是保持个人卫生的一个重要方面。旅途中是不可能携带太多衣服的,因此一有机会就应该把换下来的脏衣服洗掉,以免换洗不过来。内衣要宽松,且质地应是全棉的,利于吸汗。

无论是身上穿的衣服,还是随身携带的其他衣服,都要尽可能地保持

→在气候炎热的地区,适宜穿宽松的棉质T恤,既吸汗,又能保护皮肤免受阳光灼射。

干净。如果你带有足够多的衣服,则最好区分开白天与晚上睡觉时的衣服。在水资源有限的情况下,应优先洗袜子,以保证双脚处于较舒适的状态。

如果水资源丰富的话,你应该每隔一天就洗一次衣服。洗衣服所用的洗涤用品要尽量环保,避免污染水源。

如果所处的环境比较潮湿,你最好将睡袋和干净的衣服放在塑料袋里面。

如果所处的环境干燥且多灰尘,则衣物一定放在密闭的袋子里面,以免沙尘进入。脏衣服和干净的衣服要分别放在不同的袋子里。

建议你带上针线包,以便及时缝补衣物。如果是破掉的袜子,建议不要再穿了,因为缝补处会造成脚部不适。

衣物的整理

带多少衣服以及带什么样的衣服取决于你自己的喜好、旅行的性质以及天气状况等因素。但是,在此过程中,你应尽量减少行李重量,同时确保有足够的衣服换洗。

⊙一有机会,就要把脏衣服及时洗掉,而不要等到所有的衣服都脏了,才想到要洗衣服。

⊙带一根绳子以及几个钉子,用来晾衣服。

⊙天然纤维衣料的衣服穿起来会更舒适,因为其具有更好的隔热性和吸汗性。

↓如果水资源丰富的话,一有机会你就应该把脏衣服洗掉——至少每隔一天洗一次。

营火

若要想顺利地燃起营火，一定少不了事先充足的准备。注意不要在那些树木交错丛生的林子或灌木丛里生火，以免引起火灾。在营火燃烧期间，你得一直注意安全问题。

无论采取何种生火方式，你都必须保证充足的燃料供应。通常生营火用的燃料都是木柴，某些动物粪便也可以作为燃料，只不过其燃烧时所发出的气味不太好闻。

当准备拔营起程的时候，你应该尽量将营火的痕迹清除干净（将柴火

"反射"营火的堆放

1. 如果你将要生营火的地方是一块草地，请先在草地上挖起一块草皮。生完火后再将该草皮重新填回原处。

2. 在清除草皮的地块处放一排干燥的柴火，以便将火与下面潮湿的泥土隔离。

3. 在柴火旁的地上斜插两根较粗的原木，然后在这两根倾斜的原木上再堆放一些原木，以便让木头将热量反射回火堆。

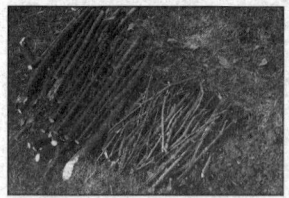

4. 当以上步骤都完成后，请再检查一下斜插在地上的两根原木是否稳固。

5. 在柴火堆的中央放一些引火物，然后将引火物点燃。之后，适时地向火堆添加一些柴火，使其持续燃烧。

6. 在火堆的燃烧过程中，一旁所堆放的一排倾斜的原木能够将火堆所散发的热量再重新反射回火堆。这样一来，烧煮食物时就能够获得更大的热量了。

燃烧后所剩的灰烬掩埋掉），以恢复其原始状态。

营火的用途

营火具有多种用途，最多的是用来取暖。当然，也有很多人使用营火来烧水或烤食物等。金字塔式的火堆是最易于堆放且最适合取暖的。但是，如果你想在营火上烧煮食物或水，恐怕还得在火堆上搭一个架子。

"反射"营火是最复杂和最花费时间的一种生火方式，但也是一种比较适合烧煮食物的营火，特别是同时烧很多人的食物时。在营火的一端放置一堆柴火或黏土，使其将热量反射回火堆。你可以在该营火上使用任何烧煮食物的方式，当然最适合的是烤鱼和烤肉。

"陷阱"营火是一种最适合于煮食物的营火类型。在生起这种营火之前，需要先搭一个简单的结构。在地上平行地放置两根较粗的原木，两根

安全提示

⊙ 当人离开时，营火一定要熄灭。注意在燃烧中某根柴火可能突然坍塌，尽量避免损坏到你的食物或锅盆。
⊙ 在营火旁堆放一堆沙子或泥土，作为紧急情况下的灭火器使用。
⊙ 如果风力强劲，点火的时候要多用一些引火物。此外，柴火应堆放在营火的上风处。

↓图示为"岩石"营火，顾名思义，是在即将生火的地方周围垒一圈岩石，以提高火堆的燃烧效率。

"陷阱"营火的堆放

1. 在没有草皮的地面上平行地放置相距一定距离的两根原木。

2. 在两根原木间堆放些干燥的引火物，如干草、树皮或枯叶。

3. 然后在引火物上堆放一些柴火，将其摆放成金字塔形状。

4. 完成以上步骤后，检查一下柴堆的稳固性并清除火堆旁的一切易燃物。

5. 用火柴点燃引火物。待其开始燃烧后，再添加更多的干树枝，以便充分点燃上面堆放的柴火。

6. 之后，再适时地添加一些较粗的柴火。待金字塔状的柴火燃烧至倒塌后，才可以开始烧煮食物。

木头的间距大约为30厘米。然后在两根原木之间堆放柴火。堆放完毕后，就可以用引火物将柴堆点燃了。为了防止原木滚动，你可以在原木的外侧放上一块石头。

如果风力强劲，可以挖一处壕沟生火。建议挖掘壕沟的大小为长约90厘米，宽约30厘米，并在壕沟的四周围上一圈石头。烧煮食物的锅子可以放在这圈大石头所围成的灶台上。

除了上面这种方法外，你还可以尝试以下方法：用岩石块将火堆围住，以减慢热量散失，保存燃料。岩石上可放置器皿烧煮食物，另外，岩石散发的热量同样可以用来取暖。还可以用岩石垒成炕。注意：火堆边不可放置潮湿或带孔隙的岩石或石头，尤其是曾经浸泡在水中的岩石更要小心，它们在受热时可能爆炸。一切有裂缝、高度中空或表面易剥落的岩石都不可使用。如果它们含有水分，则膨胀速度更快，极易爆裂，迸溅出致命的碎片。

"星形"营火：把若干根原木的一头，并拢如星形，从中心点燃，然

第 5 章 野营装备

↑图示为"星形"营火，是将4根原木散搭在营火的中心部位，需要煮饭时可以将原木暂时撤掉。

后一面烧一面把原木向里推，故而无需经常添加柴火。这种营火比较适合烧煮食物，且产生的热量也较大。

易燃物和引火物

要想燃起营火，除了要有燃料，还必须有易燃物和引火物。易燃物和引火物有各自不同的用途。易燃物是作为点火的物质来点燃引火物，再由引火物去点燃燃料。虽说可以跳过易燃物，而直接点燃引火物去生起营火，但是，这样一来，引火物的火焰通常会比较小。如果是在比较潮湿的环境下，柴火比较难被点燃。

易燃物

所谓易燃物，顾名思义，只要是容易被点燃的物质都可以作为易燃物。最好的易燃物是那种碰到一点火星就会燃烧的。如果你计划在途中生火，而又不确定天气是否会晴好，那么你最好提前准备好一些易燃物，以免到时候四周环境潮湿而找不到干燥的易燃物。这样，你便可以根据自己的需要随时燃起营火了。

户外用品商店也出售一些人造的易燃物（火绒），但是你在野外能够找到多种天然易燃物，因此根本不需要花钱去买。在行进途中，你可以注意一下沿途是否有合适的易燃物，如果有的话，

143

可以收集起来以备后用。如果天气干燥，可以直接将其装进塑料袋里。如果天气比较潮湿，则设法将其干燥后再行收藏。

引火物

作为引火物，一般都是木柴。最适于作为引火物的木柴是细小的干树枝。软木材比硬木材燃烧得更快（特别是那些含有树脂的软木材），但是燃烧时会产生噼里啪啦的声音，而且燃烧速度也比较快。这就意味着你需要有较多的软木材，才能点燃一堆较大的营火。引火物应当是一种比易燃物更粗大的燃料，同时又比作为营火主要燃料的柴火细小。引火物必须是干燥的，否则会需要更长的时间来燃烧。如果打算收集一些引火物以备后用，则要尽量将其装在能够防水的袋子里面，以防受潮。如果找不到干燥的引火物，你可以将那些潮湿的引火物的外皮剥去，其里面的部分会比较干燥一些。

易燃物和引火物的使用

易燃物的点火工具：火柴、打火机、打火石或火镰。当易燃物开始燃烧的时候，立刻将其靠近引火物，然后用引火物所产生的更大的火焰去点燃上面的柴堆。

➡ 柴火的选择

如果你打算使用营火来烧煮食物，你就得了解一下各种不同木材的燃烧属性。要懂得辨别你所需要的柴火，并要确定自己有砍伐这类木柴的工具。

诸如电线杆、处理过的栅栏或建筑木材等木料是不适于用做营火燃料的。因为这些木材往往是经过化学处理的，在燃烧时会产生一些对人体有害的烟。因此，即使你看到这类木料，也不要用它们来做燃料。新鲜的竹子也不适合作为营火燃料，因为其内部所含的水分会使得其在燃烧时火星四溅。

不同的木材具有不同的燃烧属性。

易燃物的来源

- 白桦树的树皮。
- 干枯的碎落叶。
- 干枯的杉木球果。
- 脱落的干枯松针。
- 脱落的干枯种子头。
- 枯草。
- 任何植物的干燥根。
- 木头刨花。
- 鸟类的绒毛。
- 干枯的菌类植物。
- 碎报纸。
- 碎纸板箱。
- 碎橡胶轮胎。
- 胶卷。
- 破衣服碎片。

第5章 野营装备

有些木材的燃烧速度较快，且在燃烧过程中产生的热量不均衡。这类木材就比较适合用来烧煮食物。而燃烧速度较慢且产生热量较大的木材则适合用来烤食物。了解各种木材的燃烧属性将有助于你提高煮食效率，并能够节省燃料。如果你所准备的食物类型比较丰富，既有烧煮又有烧烤，那么最好采用不同的木材作为燃料。

硬木材通常被认为是最适合烤肉的燃料，因为其燃烧的持续时间长且产生的热量大（不要使用柳木作为烤肉的燃料，除非其十分干燥，因为柳木的含水量较多，燃烧时所产生的热量不够）。而软木材燃烧较快，只能用来烧煮。

无论是何种木材，都只能是干燥的枯木，这样才易于燃烧（岑树是一个例外，无论是干枯的树枝还是刚砍伐下来的树枝都很容易燃烧）。从地上拣起来的木材通常都是有些潮湿的，这样的木材燃烧起来会有一股难闻的气味，且产生的热量也不是很大（因为其所产生的热量有很大一部分用于蒸发燃料中所含的水分了）。相反，那些不是直接接触地面的木材就要干得多，也比较容易燃烧。

> **"毛棍"**
>
> "毛棍"是一种形象的称呼，指将树棍加工处理，使其易于引火。取一根干燥的树棍，将表面的树皮削开，但不要削掉，这样的树棍表面蓬松且易燃，像覆盖着一层羽毛，故曰"毛棍"。

↑干枯的松球果也可以作为引火物，因此如果发现地上有很多的话，可以收集一些。其缺点是燃烧时的火焰不是很大。

↑干燥的细树枝是一种理想的引火物。在使用之前，先将其掰成小段。

↑林地里的干树皮也可以用做引火物。但是不要从树上将树皮硬剥下来，否则会对树木造成损伤。

使用斧头

斧头是砍树伐木时的常用工具。只要刀刃锋利，用斧头来砍树是十分好用的。一般来说，只要你在砍伐时多加注意，就不会发生什么事故。使用斧头时对穿戴的要求有：上衣的扣子系紧，拉链都要拉紧，并且要穿比较厚实的鞋子，不能穿凉鞋或光脚。

一般来说，除非你已事先得到了某块林地主人的同意，否则不应该擅自砍伐树木。

➩ 斧头的保养

磨刀石是用来保持斧头刀刃锋利的工具，其无论是在加水或干燥的情况下都能用来磨刀。如果发现斧头的手柄有开裂，应当及时更换。此外，在使用斧头之前你还得检查一下斧头与手柄的接合处是否牢固以及刀刃是否有缺口等。用完之后，应当将刀刃擦干净并用东西包起来。

➩ 穿戴的要求

使用斧头作业时，所穿的衣服应当比较贴身。如果衣服太过宽松的话，在你挥舞斧头的时候，很有可能会受到衣服的影响。应该穿皮靴之类较厚实的鞋子来保护你的双脚；光脚或者是穿拖鞋及凉鞋都是绝对不允许的。

➩ 作业前的准备

在开始砍柴之前，你应该先清理一下作业的场地，包括清理掉地面上的所有障碍物以及上空的障碍物（当你

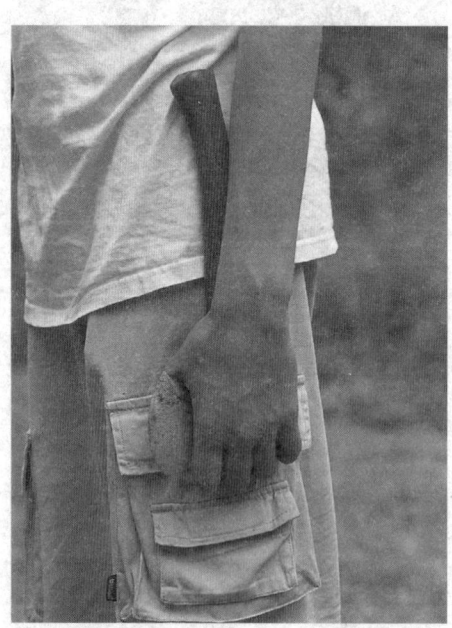

↑随身携带斧头的正确姿势：将斧头握在手掌心，刀刃向前，并且不要太紧贴身体，以免跌倒的时候落到斧子上。

挥舞起斧头时有可能会碰到的物体)。砍柴的时候,闲杂人等不能站在砍柴场地的周围,以免溅起来的木屑飞到他人的身上甚至是眼睛里。

如何砍下一棵树

在动手砍树之前,你要先盘算好让这棵树往哪边倒,并在该方向处用刀刃做一记号。然后再从相反方向略高于前一标记的位置下斧。每一斧头下去,应当都大致落在同一位置。此外,最好先清除倒地方向一边的枝杈,这有助于主干向正确的方向倒地。当树就快要倒地的时候,将落斧的位置重新落到第一次做过标记的位置。这个时候,只要两三下,整棵树就能应声倒地了。之后,将整棵树砍成一段段的原木时也会需要用到斧头。

↑在使用斧头或者其他锋利的工具作业时,务必要穿合身的衣服和厚实的鞋子。

↓在砍柴之前,务必将场地清理干净,以免溅起的木屑伤到旁人。

↑在砍伐原木的时候,应让原木的砍口呈V字形砍伐,即一刀向右砍一刀向左砍,交叉进行。

↑在将原木劈成两半的时候,应先将该段原木的一头搁在另一根更粗的原木之上,另一头则用脚踩住,然后再开始落斧。

野外生存必备手册

使用锯子

锯子是一种用来伐木的工具，它不像斧头那样会产生许多废弃的木屑。与斧头一样，使用锯子也具有一定的危险性，因此使用过程中要注意安全。

➡ 锯子的保养

使用之前，请先查看一下锯齿是否锋利以及锯条与手柄的连接处是否牢固。在锯木头的过程中，要不时地清除锯齿上残留的刨花和木渣。用完之后，同样要清理一下锯齿并将其擦干。然后在锯齿上擦一点油，以防止其生锈。锯子在不用的时候，要用一些东西将锯条的锯齿部位遮盖起来。

➡ 穿戴的要求

在用锯子锯木的时候，上衣的扣子一定要扣紧并且要避免穿太过宽大的衣服，否则锯齿很可能会碰到衣角。此外，手上最好能戴一双比较厚的手套，以防锯子打滑，且有助于抓牢木头。当然，这里所指的手套不能是连指手套（连指手套反而会使手变得不灵活，从而更抓不牢木头）。

➡ 树木枝杈的修剪

锯子比较适合在将一棵树砍伐之前或之后进行枝杈修剪的场合中使用。树干枝杈的修剪应遵循从上到下的原则，一只手扶住木头，另一只手则来回地移动锯子。

←将你要锯的木头搁在一根较大的原木之上，然后再叫一个人帮你扶住木头。千万不要直接将木头放在地上锯。

第 5 章　野营装备

拔　营

当你们准备拔营起程的时候，应该分配好每个人的拆除任务。该项工作的复杂程度取决于你们所建营地的复杂性——是过夜的小帐篷还是大本营。最重要的是要完全将营地清除干净，不留下丝毫宿营的痕迹。

↓在拆除规模较大的营地时，你得事先分配好每个人的任务，并指定装载行李和装备地点。

➲ **过夜营帐**

如果天气好的话，可以先将帐篷拆除，然后再将其他行李收拾打包。

如果是下雨天，则必须先在帐篷里面将其他行李收拾打包完毕，然后才能拆除帐篷。当所有行李都已打包完毕后，再绕营地一周，检查是否落下东西。

大本营

由于大本营通常有许多营帐且人员众多，因此其拆除过程也更为复杂和费时。在进行拆除工作之前，应该先明确每个人所承担的任务。在所有行李收拾完毕之前，建议你保留一个帐篷，用来存放一些收拾好的行李。这样，即便突然下起雨来，也不会将收拾好的行李淋湿。另一种做法是留一块帐篷的防潮布，一旦下雨，将防潮布盖到收拾好的行李上面就行了。

帐篷的拆除

拆除帐篷的具体方式与不同帐篷的具体搭建方式有关，但是也有一些共同的拆除原则可供遵循。拆除比较大的帐篷时，最好由好几个人一起进

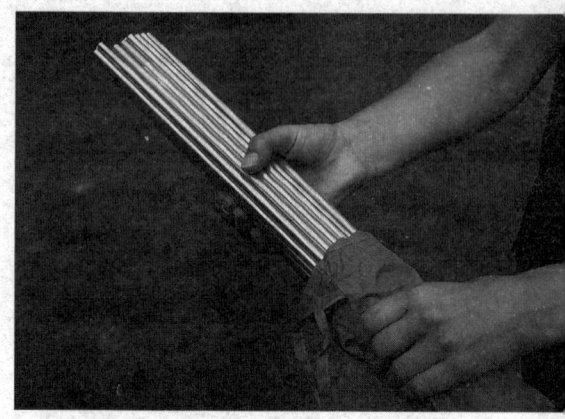

↑在将帐篷杆打包之前，你应该先清点数目并检查是否有任何损坏。

行，这样不容易损坏帐篷。

有时候准备拔营起程的时候，也许帐篷还是潮湿的，然而你又不得不将其打包。如果帐篷将在包裹中放好几天，棉布帐篷很可能会发霉，而合成纤维面料的帐篷也会产生一股异味。因此，一有机会，你就应该把包裹内潮湿的帐篷拿出来晾干。

如果你的帐篷是与防潮布连在一起的，则还得将帐篷内部擦洗干净并将其晾干，然后才可以收起来。

在收拾帐篷的零部件时，你得清点一下帐篷桩是否齐全并检查其是否完好无损。此外，帐篷的支索以及帐篷上的拉链等部位都应该检查一下。

当整个帐篷的架子已经拆除时，你得将各种不同的部件分门别类地装在不同的袋子里面，然后再将它们一起装入一个大袋子里。

↑比较理想的做法是在帐篷完全干燥的状态下将其装包。如果你不得不在帐篷潮湿的状态下将其装包，你得尽快找机会将其拿出来晾干。

第 5 章 野营装备

➡ **野炊区域的清理**

将你先前所挖的坑全都填平。如果营火还在燃烧，这个时候一定要记得将其完全扑灭。此外，你还得将生过营火的地面清理干净，尽量使之恢复原状。

➡ **如厕区域的清理**

如果营地中有专门的如厕区域，那么在拔营起程之前，一定要确定已将所有的排泄物恰当地填埋了，先前所挖的坑和沟渠也都要填平。此外，先前设置的一些人造屏障也都要移除掉。

如果你们单独挖过一条沟渠作为小便的地点，那么最好在该处做一个标示牌，以便后来的野营者不会选择同一处地点小便。

➡ **垃圾的清理**

对于营地垃圾的处理，要么将其焚烧并填埋，要么将其装袋带走。千万不能将你们在营地中扔垃圾的塑料箱留在原地，因为其很快会被动物发现并撕烂，从而造成垃圾四散。如果有些动物去吃这些垃圾，还可能会中毒。

最后，建议你在一切收拾完毕后，再次绕营地一周以查看是否有物品遗漏或场地没有收拾干净，因为此类疏忽是经常会发生的。

↑将所有的帐篷桩收拾干净，以备下次使用。建议你装包前清点一下数目，以免发生遗漏。

↓如果天气晴朗干燥，最好将帐篷防潮布的那一面翻出来摊在太阳底下晒干，并在装包前将其擦拭干净。晾帐篷期间，你可以抓紧时间收拾其他的装备和行李。

第6章 ▶ 食物与营养

无论你打算进行何种探险活动,食物都是影响你探险活动成功与否的重要因素之一。如果你在白天的艰苦跋涉、骑车或登山中消耗了大量的体力,那么肯定需要在一天行程的开始之前和结束之后好好饱餐一顿,以恢复体力。当然,一大群人在营地中共煮共食也有助于提升团队精神。由于旅途中不可能有冷藏设备,有时候甚至连热水都没有,因此加倍注意食物卫生就显得尤为重要。

营养需求

待在家里时，你可以有很大的食物选择范围。在食欲正常的前提下，如果你能摄入各种你喜欢的食物，饮食肯定是均衡的。然而在旅行途中，你所关注的应是食物的营养，而非其口味，因为你所面对的可能是完全不同的气候环境以及完全不熟悉的食物；你所在的地方可能很难采购到食物；而且如果你将进行高强度的活动，客观上也要求你摄入高能量的食物。营养不良很容易导致疲劳甚至疾病。特别是当团队中有儿童时，你更得尽量满足他们的所有饮食需求。

均衡的饮食必须包含：碳水化合物、蛋白质、脂肪、维生素和矿物质。

→ 碳水化合物

植物通常都以碳水化合物的形式来储存其大部分的能量，如谷类、蔬菜和水果就是典型的富含碳水化合物的食物。碳水化合物可以分为两类：简单碳水化合物和复合碳水化合物。

简单碳水化合物主要是糖。这类碳水化合物极易被人体吸收，且能快速地为人体提供能量（如果该能量没有立刻

↑意大利面是富含复合碳水化合物的食物，也就是说其消化过程缓慢，能够持久地为身体提供能量。

被消耗掉，其会以糖原的形式存储在体内）。水果就是富含糖类这种简单碳水化合物的食物。对于旅行者来说，可以带果干，这样能够减轻重量，且易于携带。然而，糖类所提供的热量要远远少于其他食物。此外，过多地摄入糖类会使你的体内产生更多的胰岛素，从而降低血糖水平。因此，如果你需要快速地补充能量，应该将含糖类食物和其他食物搭配在一起食用。

复合碳水化合物多存在于含淀粉类食物中，如面包、米饭和豆类。淀粉在被人体所吸收之前，要先转化为单糖，但是其所提供的能量更持久。因为淀粉类食物需要更长的消化和吸收时间，所以也就能够为诸如长途跋

第 6 章 食物与营养

涉、登山、骑车或划船之类的耐力活动提供持久的能量。

建议你最好摄入未经加工的食物和纯谷物类食物来获取碳水化合物，因为其能够同时提供必要的维生素和矿物质，而那些经过加工的精制食物已经损失掉部分营养元素。当你在国外旅行的时候，要弄清当地主要食用哪种谷类食物，并把该谷类作为你的主食。

➩ 蛋白质

蛋白质不仅为人体提供能量，还提供了大量的人体必需氨基酸。氨基酸是身体成长和组织修复的必需元素，能产生各种酶、激素和抗体。正因为如此，儿童尤其需要大量的蛋白质。此外，受伤和生病的成年人也需要补充大量的蛋白质来帮助其复原。

完全蛋白质含有所有重要的氨基酸，其主要来源于动物类食品，如肉、鱼、蛋、奶等。而谷物和豆类所含的通常是不完全蛋白质。因此，那些不食荤腥的素食主义者应该将谷物或豆

↑米饭是世界上食用范围最广的谷物之一，你可以很轻易地在旅行地买到它。

类与其他食物搭配起来吃才能获得均衡的营养，例如，将豆类和糙米、坚果等一起搭配食用。

➩ 脂肪

除了以上所提到的碳水化合物和蛋白质以外，饮食中还应含有一定的脂肪。脂肪是人体能量的最集中来源，特别是当你进行一些剧烈活动的时候。相同质量的脂肪和碳水化合物，脂肪所提供的能量几乎是碳水化合物的 3 倍。高脂肪的食物有牛奶、奶酪、食用油、蛋黄和坚果等。

↑鸡蛋能够为人体提供大量的蛋白质和脂肪，可用于各种菜肴。

↑诸如苹果之类的新鲜水果富含一些重要的维生素。如果旅途中携带水果不方便，可以带一些多维生素补充片来均衡营养。

维生素和矿物质

均衡的饮食需要摄入一定量的新鲜蔬菜和水果，因为它们能为人体提供大量的维生素和矿物质。然而，人体不能将维生素和矿物质存储在体内，同时旅途中又不可能总是有新鲜的食物。为此，建议你带上多种维生素补充片。盐对人体来说也是一种重要元素，但人们通常只会摄入过多的盐，而不会摄入不足。因为当身体需要盐时，你会对比较咸的食物更有兴趣。

合理的食物摄入量

由于在户外活动，大多数人的饥饿感都会比平时强烈许多。每个人的胃口都各不相同，但是要想一天都体力充沛，你必须比平时吃得更多。如果你是随身携带食物，你应该在自己可承受的范围内尽量多带。

男性在一般的生存条件和运动强度下，一天大概需要10460千焦的热量（对于女性而言，该数字要稍微低一点）。如果是要从事诸如远足、登山或划船之类的高强度运动，这一数字则上升到14650千焦。此外，在严寒气候下，也会需要更多的热量来维持人体的正常体温。因此，综上所述，户外运动中男性1天约需要20900千焦的热量，换句话说，是平时1天所需热量的2倍。

如果能将上述对于所需热量的粗略计算应用到饮食上，你基本上就能够合理地摄入所需的食物，以便获取足够的热量。此外，为孩子准备食物时，最好能迎合他们的口味，以便让他们乖乖地吃饭。

水

摄入足量的水是保持人体各部分机能正常运转（消化、吸收、循环、排泄）的关键。此外，维持人体正常的体温也需要足量的水。即使是轻微的脱水也会使人出现诸如易怒、恶心以及头痛等症状。

尽管人身体的75%都是由水构成的，但是人体却没有办法在体内存储水。水不断地通过正常的呼吸、出汗、小便、消化等途径流失。一般来说，1个人1天必须至少摄入3升的水。

↓在为孩子们准备食物的时候，既要保证食物的高热量，又要尽量迎合他们的口味。

第6章 食物与营养

饮食规划

合理的食物选择对于旅行来说是十分重要的。每个团队成员都应当获得均衡的饮食。在旅行的计划阶段，你就应该决定好所配给的食物类型以及烹饪方法。此外还应该了解一下是否需要一些特殊的膳食补充。

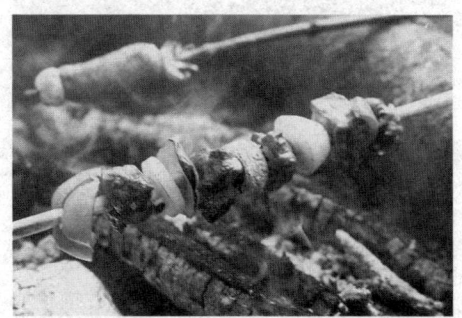
↑如果有条件的话，要尽量吃现烧的新鲜食物。

➡ 各种食物的配给

野营的时候，一般有4种类型的食物可供选择，它们分别是：新鲜食物、脱水食品、袋装食品和罐头食品。以下将详细介绍这4类食物的优点和用处。

↓野外活动比较适合携带那些分量轻并且易于准备的食物。

除非你所前往的旅行地十分偏远和闭塞，否则建议将各种食物搭配起来食用。比如，将你随身携带的脱水食物与当地买的新鲜食物搭配起来。在旅行中的不同阶段，所能得到的食物配给也不尽相同。

·在行进途中，吃预先包装好的食物或者找一家路边的小餐馆是比较好的选择。

·在营地的时候，因为可以把各种炊具拿出来使用，可以吃一些现做的新鲜食物以及罐头食品。

·在野外进行某项活动时，你只能吃背包里存放的脱水食品和袋装食品。

无论你吃的是何种食物，有一点是必须要记住的，即不要随地乱扔食物的包装袋和罐头盒。

快乐饮食

煮饭与吃饭是野营生活中的一个重要方面,因此应当将这个环节搞得愉快一些。即便你们所能吃的食物种类十分有限,也要尽量调动大家的情绪。

⊙除了询问某些团队成员的特殊饮食要求外,你还得尽量了解每一个团队成员的饮食喜好。

⊙适当地携带一些特殊的奢侈食品,包括某些成员特别喜欢吃的食物。这些奢侈食品可以在一些特殊场合拿出来作为庆祝,如到达了某个探险目的地,或者为某位成员庆祝生日,或者处于整个旅行的艰难时期。

➡ 如何计划食物配给

在做食物配给计划的时候,你得考虑到如下可能会限制你所能携带的食物种类与数量的因素。

- 重量。
- 体积。
- 燃料。
- 团队成员的数量。
- 包装。
- 烧煮时间。
- 烧煮方法。
- 价格。

在旅行途中,你能很容易地买到当地的食物吗?如果可以的话,你可以选择携带一些包装食品,这样与现买的食物搭配起来吃,口味应该还不错;反之,你就得更关注所携带食物的口味了。

在制订食谱时,有一点需要注意的是:你所选择的食物必须是大家都能够接受的食物。

➡ 特殊要求

在制订食谱的时候,你得了解一下各个成员的特殊饮食需要,以便做出一个尽量让每个团队成员都满意的食谱。有些团队成员可能由于食物过敏或宗教信仰等原因,会对食物有特殊要求。关于此类信息,你必须在出行前了解到并采取相应的措施,以满足他们的特殊需求。

➡ 采购食物的预算

根据每人的日常饮食费用以及应急饮食费用,你得制订出整个旅行期间所需花费在食物上的总预算。只有在有根据的推测和对目的地详细调查

↑意大利面是理想的旅行食品,具有分量轻、易于携带、烧煮方便的优点,而且还富含碳水化合物。

的基础上,才能得出一个大致精确的预算。如果到时候购买食物的预算不足的话,后果将不堪设想。因此,你所做的预算要尽量精确。

人数越多的团队,花在食物预算上的钱越划算。相反,人数较少的团队需要更多的食物预算。如果你们打算在餐馆里吃几顿的话,则所需的预算就更高了。

食物的包装

如果你决定携带包装好的食物,你得确定这些包装食品是否含有你所需的所有营养元素。除了带上食品之外,你还得根据食品的不同包装,带上纸巾、开罐器等物品。

如果你们所进行的是一次时间较长的旅行,而且会在沿途多次扎营,那么建议你在所有的食品包装袋上标明计划食用的地点,以免提前将食物吃完。

食品包装上的标记要让每个人都看得懂,免得到时候大家都来问你。建议你不要贴不同颜色的纸条来做区分,因为也许某些成员是色盲。

对于那些包装食品,其包装越简易越好,以免产生太多的垃圾。此外,你得确定食品包装的牢固性。当然,也不要牢固到很难打开的地步,否则就会影响到你吃饭的心情。

如果你所携带的包装食品是用马、骆驼等动物来驮运的,则需在那些食品包装的棱角处加垫一些东西,以免戳到动物的身体。如果是开车旅行,也需要给食物加垫一些东西,以免路途的颠簸影响食物质量。

携带食物出境

如果你打算将国内的食品带到所前往的国外旅行地(也许你会采取事先将这些食物托运过去的方式),你最好了解一下相关国家食品进口方面的规定和限制以及所需的费用。有时候,你可能会发现将食物随身带走要比事先将大批量的食物托运到国外更便宜和更方便。

↑对于一次人数众多的旅行活动来说,最好在所携带的各种食物的包装袋上贴上标签(注明该食品将在到达哪一个地方时食用)。

当地的食物

旅行的最大乐趣之一就是能够品尝到各地的特色美食。当然了,也要注意病从口入。因此,无论是在餐馆吃还是自己在营地煮着吃都要注意食品卫生问题,以免吃坏了肚子而破坏了旅行的兴致。

➡ 避免食物中毒

无论是在国内还是在国外旅行,吃经过合理烹饪的新鲜食物都是至关重要的。尽管有时有些食物看起来很不错,但其有可能受到过污水或者苍蝇的污染。

有些国家的主要水源不是很可靠,因此最好避免吃未经煮熟的食物,如生拌沙拉。如果你对餐具的卫生不放

↑品尝当地的食物是旅行中的最大乐趣之一,但是也要注意食物的卫生问题。

心,在吃餐具内的食物时,可以将底下的一些倒掉不吃。

烧饭和吃饭的时候,都要记得把手洗干净。此外,还要注意如果桌上放着一些煮熟的食物和打开的酱料,要防止苍蝇落在上面。因为食物的香气是很容易招引苍蝇的。

←对于露天放置的食物要谨慎食用。如果要外出就餐,建议选择那些人气较旺的餐馆。

安全购物

⊙ 肉类、家禽、鱼类的颜色和气味都要看起来新鲜才行。

⊙ 有些国家的牛奶即使是消过毒的,也不一定安全。因此,在饮用之前最好煮一煮,或者冲泡自己带的奶粉。

⊙ 黄油和人造黄油如果闻起来没有走味,则应该是新鲜的。至于奶酪,则是摸上去越坚硬越新鲜。

⊙ 在有些国家,建议最好不要吃冰淇淋。

⊙ 只有你亲眼看到现场新鲜压榨的果汁,才可放心地购买。

⊙ 至于罐头食品、脱水食品以及人们常吃的面包、面粉和食用油之类的食物,还是可以放心购买的。

➡ 外出就餐

如果你打算上当地的餐馆就餐,你最好去那些当地人光顾得比较多的餐馆。因为这些餐馆的菜肴肯定是比较正宗的,而且你还能顺带了解一下当地的饮食文化。再有,一般来说,人越多的餐馆,其菜肴就越新鲜和美味。

有些地方对食物卫生不是很讲究,而且当地人由于长期吃那种卫生标准的食物,肠胃并不会出问题,而你却极有可能会吃坏肚子。因此,当你看到当地人在街边一些看似不太卫生的食摊上津津有味地吃东西时,千万不要效仿他们,以免导致腹泻甚至痢疾。同样,一些小店里自制的冷饮也需谨慎食用,最好只吃那些较有知名度的冷饮。

当你在当地的餐馆里就餐时,最好能看到餐馆烹饪菜肴的过程,特别是贝类和肉类,有些在烹饪前就已经变质了,有些有可能含有有毒物质。只有那些烹饪前还鲜活的贝类才能放心使用。

➡ 当地食物的购买

如果你打算在旅行目的地采购食物或外出就餐,你最好事先了解一下当地有哪些可以买到的食物和特色小吃及其价格。这类信息一般通过旅行机构和最新的旅游指南获知。一些季节性食品的价格可能会随着季节的不同而变动,事先做一下了解会有一个大致的预算。

➡ 当地食物的烹饪

新鲜蔬菜和水果在食用前一定要用水冲洗干净,最好再在纯净水里漂洗一下。如果你没有时间清洗,比如,你正在逛当地的市场时突然想要吃某种水果,那么最好挑选那种可以剥皮的水果。而且买之前要检查一下水果的表皮是否有破损。

在食物卫生状况比较糟糕的地方旅行时,最好不要买西瓜吃,因为西瓜可以注水。

⇨ 观察当地习俗

如果你有幸被当地人邀请到家里吃饭，你得事先了解一下当地的风俗习惯。在有些国家，要求吃饭的时候使用右手；在有些国家，如果在人前光脚，会被认为是对主人或其他客人的不敬。在有些国家，当你将盘子里的食物全都吃完时，主人会立刻再给你添或再拿出一些特别的精致小吃来招待你，这个时候即使你吃不下了或者不喜欢该食物，也不能够拒绝主人的一番美意。作为一个旅游者，你应该注意观察当地的一些礼仪规范，并要入乡随俗。

⇨ 饮食禁忌

在行前做旅行计划的时候，你得事先了解一下旅行目的地的一些饮食禁忌。特别是要确认一下你们所需要的一些特殊食物是否与该地的饮食禁忌有冲突。在有些地区，对于严格的素食主义者来说是很难吃到纯粹的素食的，特别是在餐馆就餐的时候。

⇨ 饮料

咖啡和茶都要用煮开的水冲泡才可以，因此是相对比较安全的饮料。至于那些未经消毒的牛奶、散装水和自制冷饮，建议你还是不吃为好。瓶装饮料也要尽量选择那些品牌知名度较高的。

至于酒，并不是每个地方都公开出售，因为有些地区是禁酒的。因此在进入这些国家之前，你得把行囊中的酒类都清除出去。

↓在气候炎热的一些地区，诸如鱼肉之类容易变质的食物，最好是当天烧当天吃完。

脱水食品

脱水食品的主要优点是分量轻，尤其是当你背包徒步旅行的时候，考虑到这一点显得尤为重要。当然，其口味远远不如新鲜食品和罐头食品。因此在食用脱水食品的时候，也许你需要加一些调味料来使其口味变得更好一些。

脱水食品的分量很轻，在食用时，你需要用热水将其泡开。如果你打算在途中自己用营火来烧水，并且沿途也有可饮用的水源，那么你只需带一个锅子就行了。但如果以上这些条件不具备，也就是说你得自行携带炉子、饮用水和锅子以及燃料，那么所有这些东西加起来可就是个不小的负担了。

脱水食品一般分为两类：一种是真空的脱水食品，另一种是冷冻的脱水食品。也就是说，脱水食品的包装都是密封的，这样才有助于保鲜。大批量地购买食品要比少量购买更便宜，

> **健康问题**
>
> 如果你长期食用脱水食品，你会很容易便秘。多吃一些干果和多喝水会有助于防治便秘。此外，你可以服用一些矿物质补充片来均衡饮食。
>
> 如果你处在一个缺水的环境中，千万不要干吃脱水食品，这样只会加快你体内的水分消耗。

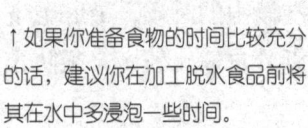

↑如果你准备食物的时间比较充分的话，建议你在加工脱水食品前将其在水中多浸泡一些时间。

脱水食品的加工

1. 将脱水食品倒进锅中，搅拌一下使其中的结块分解。

2. 向锅中加入一些清水，并将其浸泡一段时间。如果是在高纬度地区，则需要加更多的水，且需要更长的烧煮时间。

3. 将锅放在文火上煮，并不断地搅拌，以防止其粘锅。锅中的脱水食物已完全重新水和，才表明食物被煮透了。

因此你可以买大包装的脱水食品，然后再分成若干份，但要注意不能将其内部的小包装弄破。

➡ 真空的脱水食品

所谓真空的脱水食品，即是将包装袋内的空气和湿气全都抽走。这种处理方式往往容易破坏食物的细胞结构，造成脱水食品的形状总是糊状的。不仅仅食物的形状改变了，食物的味道也被破坏了。

➡ 冷冻的脱水食品

这种保鲜方式要比真空保鲜方式更能保持食物的原味。当你当将包装袋内的食物解冻并加工后，其外观和味道都比较接近于新鲜的食品。

➡ 改善脱水食品的味道

在正式出行前，你有必要在家里试验一下在旅途中食用脱水食品的最佳加工方法，同时也可以看一下你能否接受这种味道。也许你可以加入一些辣椒粉或洋葱之类的新鲜蔬菜来改善其味道。

如果有时间的话，你最好让脱水食品在烧煮之前多在水里浸泡一会儿。此外，在浸泡的时候，最好盖上盖子。因为野外虫蚁比较多，须防止其爬入。

第6章 食物与营养

食物的包装

准备好的食物配给要仔细地进行打包并贴上清晰的标签。当然,你所携带的具体食物将取决于你所前往目的地的气候类型、你将要进行的活动以及运输的方式等等因素。但是,无论什么食物,你都要将其捆扎好,以免在途中被压碎或污染。此外,你还应该尽量减轻所携带食物的重量。

↓无论何时,只要一有机会,你就应该买一些当地的新鲜蔬菜和水果,以均衡饮食结构。

↓出发前,再次检查一下你们所携带的食物,看还有没有要添的东西。

食品安全

⊙ 在将食物装进容器之前，检查一下食品的包装是否有破损。

⊙ 查看一下包装袋上的保质期，看其是否已过期。

⊙ 所有盛放食物的容器都必须有良好的密闭性。

⊙ 熟食与生食要分开放置，以防交叉污染。

⊙ 在气候炎热的地区，所购买的新鲜食物要当天煮当天吃完。

⊙ 食物的存储要避光和避免直接接触地面。

准备携带的食物

一般来说，你准备在旅途中食用的食品本身都是有包装的。但是你需要考虑一下有些食品是否有重新包装的必要性。在你拆除原有包装袋的时候，一些涉及食物加工方法和存储条件等信息的包装纸不能扔掉。此外，你还应该在包裹里放入开罐器、纸巾、食盐、辣椒粉等物品。

存放食物的容器

如果你所进行的是一次周末背包远足，那么使用一些牢固的塑料密闭容器来盛放食物是比较合适的，这样能够将食物和其他物品很好地隔离开来，并能有效防止食物在途中被压碎。诸如洗洁精和食用油等可灌在塑料小瓶里面。

用于盛放食物的容器一定要有很好的密闭性，这样才能使食物保鲜。此外，这些容器最好能够颜色各异，以便于你寻找所需要的食物。尽管如此，你还是应该在各个容器外面贴上明确的标签来注明其内装的食物品种。熟肉和生肉要分别放置在不同的容器里，以免食物交叉污染。在营地的时候，放在台子上的食物都务必要用东西盖着，以防苍蝇落在上面。取完食物后，不要任盖子随意打开着，否则食物的香气会将野兽和虫蚁招引

↑ 这种塑料容器能够有效防水和防止虫蚁进入。

水的携带

水的分量比较重，但同时又是在任何时候都必不可少的。如今，市场有很多种类型的储水容器。

⊙如果你用的是水袋，要注意避免与尖利物体接触，以免戳破水袋。

⊙每天行程结束后，都应该检查一下水是否有渗漏。

⊙净化过的水与未净化过的水要用一定的标记区分开来——可在瓶身上贴上不同颜色的胶布或在手柄处系上不同颜色的绳子。

⊙如果你所用的是帆布水袋，可以将水袋挂在外面，这样可以起到降低水温的作用。

↑这种可折叠的储水容器用起来很方便，但是长时间使用后其折叠处易出现裂痕。因此，如果你所使用的折叠式储水容器是旧的，建议你在使用之前检查一下其是否有裂缝。

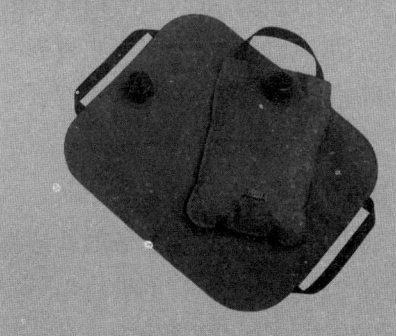

↑水袋有多种型号可供选择，其优点是所占的空间比较小，但也容易被弄破。

来。另外，存放食物的容器要避光放置。

▶ 食物包装

交通方式将是影响你所能携带的食物重量的一个重要因素。

如果你是驾车旅行，食物的重量将不成问题。但是如果你所行进的路途十分颠簸，则对食品的包装要求就比较严格了。如果包装不好，食物很可能被其他物品污染或者被压碎。

如果你是使用某种牲畜来驮运行李，那么食品的重量和包装这两个方面都需要仔细考虑。超重将会让牲畜不堪重负，而不当的包装将可能对牲畜的身体造成损伤。如果你是划船旅行，则需要考虑如何保持食物干燥以及解决船上空间狭小的问题。在这种情况下，你所用来存放食物的容器必须要有防水功能。如果是背包徒步旅行，那么重量问题将是你应优先考虑的。一般来说，你应遵循尽量减轻所带食物重量的原则。

野外生存必备手册

户外炊事规划

如果你所进行的只是一次轻装野营，那么你的炊事用具也就是营火或炉子而已。但是，如果是时间较长的野营活动，那就十分有必要来规划一下如何在营地布置你的炊事场所了。

➡ 建立炊事场所

建立炊事场所首先要做的就是将你们选中的作为炊事区的地块用一些东西围起来。如果营地中有小孩，还需采取一定的防护措施来避免让小孩接触到炉子。存储食物的营帐和柴堆等与准备食物有关的设施都应该设立在炊事场地的附近。

下一步要做的就是在围起来的炊事场所内选择一块地来搭个灶台。如果刚好该地块上有一些自然特征可供利用，如一块扁平的岩石，你就可以将其作为灶台的底基；如果没有的话，则自己用一些砖块搭一个。你们所搭建的灶台一定要具备相当的牢固性，以免到时候将锅子放到上面后发生坍塌。如果你们是生营火的，注意不要将柴火四散堆放，以免绊倒人。

上面提到过，储物的营帐应设置于炊事场所的周围。这是为了方便拿取一些食物、炊具等。但是太靠近炊事场所也有可能让炊事人员感到场地拥挤。

➡ 保护炊事场所

除了灶台，你还可以做一些木头架子用于放置锅碗瓢盆之类的厨房用具。这样会使得炊事场所更加整洁和井井有条。如果该炊事场所周围有树木，这也是一个优势。茂盛的枝叶可以为你提供一个很好的遮荫之所。当然，灶台的位置也不可太靠近树木。此外，你还可以

→ 在一个长期驻扎的大本营里，如果你能搭建一个摆放锅碗瓢盆的架子，炊事场所将会显得更加井井有条。

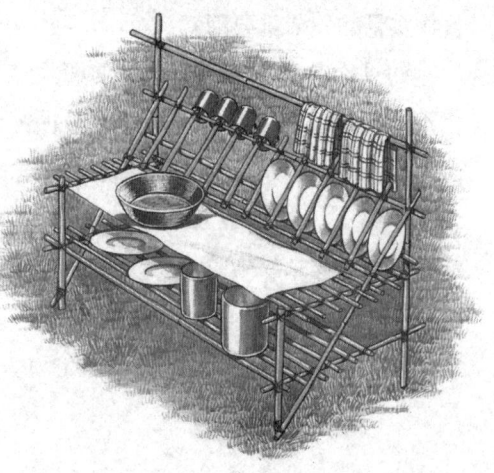

第 6 章　食物与营养

↑ 安全的炊事场所必须要有足够宽敞的空间。在火堆的四周围上一圈粗大的原木可作为一道安全栅栏，同时也可供炊事人员当凳子坐。

利用树上的某些枝杈来悬挂一些炊具。这要比直接放在地上干净得多。

用餐场所

对于一个人数较多的野营团队来说，设一个专门的就餐场所是非常有必要的。这有利于保持营地中其他场所的整洁。如果你所在的地区经常下雨，那么你们的炊事和用餐场所最好有棚盖遮挡风雨。各个团队成员最好不要在各自的睡觉帐篷内用餐，以免食物的残渣或碎屑招引虫蚁。炊事场所的旁边需要挖两个坑（详见第 5 章"建立大本营"一节），一个用于处理废水，另一个用于填埋食物垃圾。每个成员用餐完毕后，都应将食物残渣立即处理掉。

→ 如果能将火堆或火炉生在一个木架子上，炊事人员就可以不用弯腰了。但是，该木架一定要足够稳固，确保其能够承受燃料和锅子的重量。

食橱

储物帐篷用于存放那些脱水和包装食品，新鲜的食物也同样需要放在一个避光的场所。为了解决这一问题，你可以做一个悬挂式的食橱。这种食橱在市场上也可以购买到。制作食橱所需的材料为几块木板、一块粗棉布或尼龙网罩以及几根绳索。该食橱可以悬挂在炊事场所附近某棵大树的枝杈上。

这样一来，食橱就避免了太阳的照射，而处于一个较为阴凉的地方。你可以将仔细包捆好的食物存放在该食橱内。

防熊偷食的办法

万一食物的香气把某些野兽招引到了营地，那你们的食物可能就要遭殃了。为了保护食物，食橱和其他一些存储食物的包裹最好要悬挂在那些野兽够不着

→食橱可悬挂在某棵枝叶茂盛的树的枝杈上，以便遮阳。存放在食橱内的食物必须包装好，并悬挂在野兽不能够到的位置。图中所示的食橱是由用麻绳串起来的3块夹板，再罩上一层粗棉布，顶上盖一块防潮布构成的。

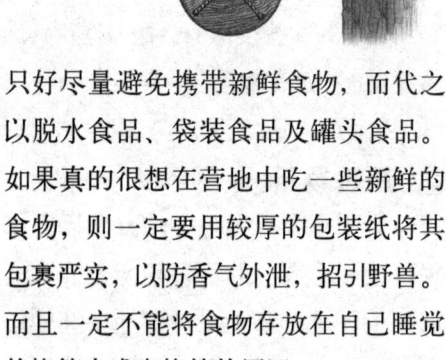

↑你可以将杯子、锅盖等可以悬挂的物品悬挂在营地附近的树枝上。

只好尽量避免携带新鲜食物，而代之以脱水食品、袋装食品及罐头食品。如果真的很想在营地中吃一些新鲜的食物，则一定要用较厚的包装纸将其包裹严实，以防香气外泄，招引野兽。而且一定不能将食物存放在自己睡觉的帐篷内或者帐篷的周围。

的枝杈上。

特别是当你们在某个有很多熊类出没的地区时，这一点显得尤为重要。一般来说，将食物悬挂在离地4米以上并且距离主干3米以外的树枝上，熊就不太可能拿到你们的食物了。此外，帐篷应位于食物悬挂处的上风区，以免熊在顺着食物的香气寻找所悬挂的食物时路过你们的帐篷。

如果营地周围没有树木，则上述方法就不适用了。在这种情况下，你

↓空的罐头盒不能随地乱扔，要么在离开营地时随身带走，要么将其填埋在90厘米深的地下。

食物的存储与卫生

野外探险会面临诸多危险，其中之一便是食物卫生问题。记住，团队中每一个成员的身体健康都取决于整个团队对这一问题的关注程度。如果团队中的某些成员没有遵循一些基本的安全饮食原则，他们就有可能腹泻甚至是食物中毒。

➡ 食物的准备

无论是谁，在准备和烧煮食物的时候，务必要勤洗手。在准备食物的过程中，熟食和生食要分开放置，而且最好

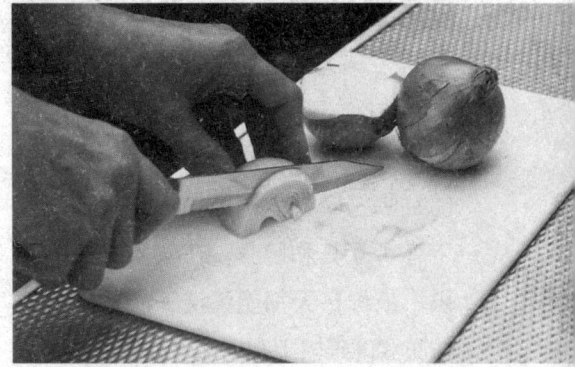

↑无论是熟食还是生食，在进行处理前，都要记得把手洗干净。

用不同的砧板和器具来进行处理。如果没有那么多的砧板和器具，则在交叉处理熟食和生食的过程中，注意清洗相关用具。关于该项的更多详细建议，详见本章"当地的食物"一节。

➡ 清洗

每次用餐后，锅碗杯碟等用具都要用热水清洗干净。如果可能的话，最好每隔三四天往水里加入一些消毒剂。每个成员吃饭和喝水的用具都应当严格分开，以切断任何可能的传播途径。

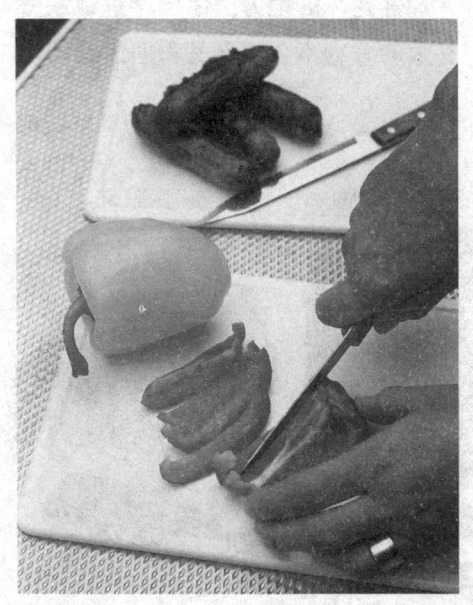

←不同的食物最好要在不同的砧板上切，以避免食物交叉污染。

↑每次用餐后,碗筷盘碟都要用热水洗净。

↑建议你每隔三四天用抗菌洗涤剂彻底地清洁一下各种厨房用具。

在长期驻扎的大本营里,最好能够每隔三四天用抗菌的洗涤剂擦洗一下各种炊具和厨具。在气候炎热的时候,最好每天都能清洗一次。所有的抹布和碗碟擦干布也都要经常清洗。

木质厨具尤其要保持洁净,如果发现其出现缺口,就不要使用了,因为这样的木质厨具容易滋生细菌。

➲ 用餐卫生

刚煮好的食物宜趁热食用,因为食物凉了之后就容易滋生细菌。鉴于此,在食物快要出锅的时候就召集大家吃饭,这样才能把热气腾腾的食物盛到大家的碗里。

如果可能的话,不同的食物最好都能用各自专用的勺子舀。在舀食物时溢出的汤汁要及时擦干净。

无论是分发食物时或是你自己用餐时,如果要用手接触到食物,包括面包在内,务必要先把手洗干净。

最后,食物在出锅后食用前的一段时间内,都务必把食物放在避光处并用东西罩住。

➲ 干货的存放

所有的食物都应该存放在避光、干燥和通风的地方。你要尽量确保所存放的食物不会被鸟类和啮齿类动物

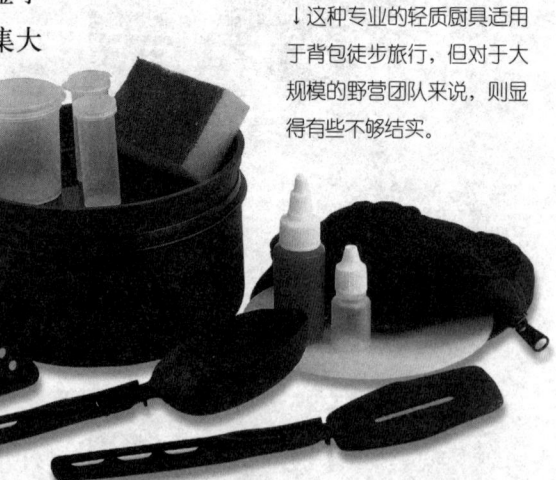

↓这种专业的轻质厨具适用于背包徒步旅行,但对于大规模的野营团队来说,则显得有些不够结实。

第6章 食物与营养

↑尽管这种塑料大盆比较笨重，但是用它来洗碗要方便得多。

↑在洗干净的碗碟上盖一个纱布罩能够防止苍蝇落在碗碟上。

↑这种网眼菜罩用于防苍蝇是很管用的。

用餐卫生

⊙与厨具一样，用餐时的餐具也要求有很高的清洁程度。
⊙分发食物不能是自助式的，也就是说不要用个人的餐勺来取锅里的食物，而要用一个公勺来分发。
⊙你得确保用于分发食物的勺子是绝对干净的，而且每种食物最好都有其各自的勺子。

偷吃到。存储食物的容器一定要盖好。如果盛放食物的锅子没有盖，你可以用一块粗棉布罩在上面。

如果设有专门存储食物的帐篷，食物就不应该放在自己睡觉的帐篷里。但如果是一次轻装野营旅行，就不太容易做到这点了。但是你应该将所有的食物都放入密闭的容器里面。

在热带地区，如果你从当地的市场上买了些咸鱼或咸肉，在煮之前务必要用水好好洗一洗。因为这些鱼肉在太阳底下晒干的时候，总是会有很多苍蝇落在上面。

→在为众人分发食物的时候，合适的分发工具是很重要的，如长柄勺、大汤匙等。

➡ 新鲜食物和熟食的存放

除非带有冷藏设备，否则建议你不要长期存放新鲜食物和熟食（在气候炎热的国家，存放时间不能超过24个小时）。所有的新鲜食物和熟食都要避光存放，并用菜罩或粗棉布罩起来。此外，熟食与生食不能放在一起。

如果你们的营地离当地的市场很近，最好每天都去采购一些新鲜的食物，并且现煮现吃，不要留剩饭。这样就不存在食物存放的问题了。

如果不想每天都往市场跑，也可以和当地的某个小贩约好固定的时间和地点，让他把菜给你送来。

野外生存必备手册

轻装野营食物

如果你打算将食物放在自己的背包或自行车篮子或独木舟里面，你主要关心的问题应该是如何尽量减少食物的重量，而不是食物的品种。否则，等到你连续吃了一个礼拜的脱水食品后，你就会抱怨当初的优先考虑是错误的。事实上，除了一些传统的袋装食品、脱水食品外，超市的货架上还有其他很多可供选择的轻质食品。

在选择食品的时候，要考虑到自己所使用的炊具和炉具。你应该仔细阅读一下食品包装袋上注明的烧煮方法。比如，有些汤只需烧几分钟的时间，而有些汤则需烧煮20分钟，所需的烧煮时间越长表示你需携带的燃料越多。

↓一杯汤、一盘热的烤黄豆以及一碗速食布丁只需在小炉子上热几分钟就可以了。

↑铝质和搪瓷餐具在盛放热的食物时是非常烫手的，因此要小心。

➡ 早餐

如果你想轻装简行，以加快行进速度，那么面包加果酱肯定是最节省时间的饮食方式。如果生营火，还可以将面包烤一烤。在天气严寒的时候，用热开水或热牛奶泡一点燕麦粥喝可以让人很快地暖和起来。因此，你可以多买一些不同口味的燕麦，作为早餐食用。

如果你想要一顿更为正式的早餐，以便支撑较长的时间，那么你的早餐应该包括香肠和面包等。如果更奢侈点的话，还应该包括袋装肉。吃早餐的时候，要多喝水或牛奶及其他饮料，因为在接下来的行程中人体会流失很多水分。至于该饮料是冷的还

第6章 食物与营养

↑干果和坚果是高能量的点心,且十分便于在途中食用。

是热的倒并无多大关系。

🔶 午餐

如果中午的时候你正在行进途中,想必你会将就着解决午餐,以免耽误太多的时间。但是,作为午餐的食品一定得是高能量的,如坚果、水果、巧克力等。这些食物无须太长的准备时间,但同时又比较耐饥。

🔶 晚餐

晚餐一般是一天中的正餐。当结束一天的行程安营扎寨后,你们肯定想享用一顿相对较丰盛的晚餐。晚餐包括一些脱水食品袋装内、米饭等,还可以享用开水冲的速食汤,饭后来点儿水果也是个不错的选择。

🔶 途中点心

出于时间紧迫或者个人习惯,在白天赶路的途中,也许你们不会停下来专门做一顿午餐,而是吃一些小点心。至于是什么小点心则完全取决于个人的喜好。当然你所能携带的点心类型有时候也会受到气候状况的影响。例如,在气候十分炎热的国家,就不太适宜携带巧克力。一般坚果、干果、肉干、饼干等都是适合作为途中点心的食品。最好不要吃腌制品,以免让你更加口渴。以上所提到的这些食品大多数人都能接受,至于其他一些小点心,你需要事先了解一下大家的口味,以免有人吃不惯。

途中吃点心的时候,注意不要随地乱扔包装纸。如果没有发现垃圾箱,则要随身带走,直至看到垃圾箱了再扔掉。

🔶 包装型号

旅途中食用的食品宜采用小包装的。因为小包装的食物大都能够一次吃完,因此有利于防潮、防灰尘和虫蚁。当然,小包装也有缺点,会有较多的包装袋。

有一个折中的方法是:除了一些必须要密封的食品外,你可以将一些买来的散装食物,用较为轻薄的保鲜袋重新包装成小份的。但是,你得在每个袋子上贴上明确的标签。此外,印有食物食用说明的包装纸不能扔掉。

⇨ 饮料

茶叶、咖啡、可可等饮品都是比较易于携带的。在准备这些饮品的时候，往里面多加一些糖，能够增加热量的摄入。

当然，最重要的饮品还是水。如果你是将脱水食品当做主食，多喝水就尤为重要了。此外，天气炎热或从事剧烈运动的时候，也要注意多补充水分。你还可以在水中放一些矿物质补充剂来弥补体内流失的营养物质。

⇨ 其他食物

如果你在途中能够找到一些新鲜的水果，或者你本身携带一些干果，这将大大缓解长时间吃脱水食物所带来的饮食失衡。当然，树林中的一些不认识的野果千万不能随便食用，否则可能会中毒。一般说来，马路边的野果受到的车辆尾气污染比较多，最好不要采摘。无论你是从何处采摘来的野果，在吃之前都要将其洗干净。

脱水食物的烧煮

⊙脱水食品一定要加入足够的水来使其重新水和。如果吃了没有充分水和的脱水食品，则会加速人体体内水分的流失。
⊙在加工脱水食品的时候，实际加入的水最好多于食品包装上的建议加入量。
⊙诸如脱水蔬菜等脱水食品最好在正式烧煮之前让其在水里浸泡一段时间，以便使其充分水和。
⊙煮的时候要用文火，且要不断地搅拌。
⊙在加盐之前，先尝一下味道，因为有些食品本身就是咸的。
⊙诸如米粉、通心粉等食品要等水完全沸腾了才能倒下去。
⊙为了增加某些食品的浓稠度，你可以往里面添加一些土豆泥、生鸡蛋、碎奶酪或奶粉等物。

↑意大利通心粉煮起来很方便，可以作为晚餐中的主食。将其放入沸水中煮大约12分钟，期间需不断搅拌，以防其粘锅。然后，将其捞出锅，拌上自己爱吃的酱料后就可以吃了。

第6章 食物与营养

不使用器具的烹饪

使用尽量少的器具来准备自己的食物是野营活动中极具野趣的事,也是轻装野营的一个重要方面。事实上,学会不使用器具来解决自己的饮食问题有着更深层的意义——当你遇到紧急情况、手头上没有任何器具时,如果你具有这项技能,就能轻松解决自己的温饱问题。

➲ 面食

面食有多种做法。未经发酵过的面应该做得薄一些,因为其与发酵过的面相比更厚实。未经发酵的面须在烤好之后尽快趁热食用,否则吃起来会很硬。

取两满杯面粉,再往面粉里加入水和少许盐,将面粉揉成生面团。揉透了之后,将面团分成一个个小面团(厚约2.5厘米、宽7.5~10.0厘米)。将这些小面团放在一块干净的石板上。石板的旁边生一堆营火,用营火的温度来使石板变烫。大约20分钟后,将面团翻一个面。如果不确定面包是否已经烤透了,可以用一根干净的棍子戳一下试试。另一种方法是将面团裹在一根棍子上,拿着棍子放在营火上烤,大约烤10分钟就差不多了。烤熟了之后,将中间的棍子取出来,中空部位可以抹上蜂蜜等物。

➲ 鸡蛋

将个头较大的土豆挖成中空,然后把鸡蛋灌进里面。为了防止烟灰进入

←这种在石头上烤出来的未经发酵的面包,味道还是不错的。

鸡蛋里，可以在开口处再盖上一块土豆片。这样就可以把土豆放到火堆的木炭中去了，大约20分钟左右就烤熟了。如果你想连土豆一起吃，则需再给土豆裹上一层锡箔纸。除了土豆之外，橘子皮也有同样的作用，其烤熟的时间大约只需10分钟。

🡆 肉

如果有锡箔纸的话，可以将肉裹在锡箔纸里面。如果有土豆、卷心菜等蔬菜，也可以将这些蔬菜一起放进去。由于烤肉需要较长的时间，因此最好包两层锡箔纸。包好之后，就可以将其放入火堆的木炭中了。大约30分钟就可以取出来吃了。

如果你手头上没有锡箔纸，那就只能将肉切成块状，串在一根棍子上，

↑一个橘子对半切开，将里面的果肉吃掉，剩下的橘子皮就可以作为装鸡蛋用的容器了。

放在营火上烤。如果你想吃蔬菜的话，也可以将蔬菜和肉串在一起。

如果你逮到一只野兔子，建议你使用黄土烘焙的方法来加工。将野兔剥皮洗净后，先用菜叶裹起来，然后再裹上黄泥。接着，就可以将其放到火堆中去了。烤上1个半小时左右，基本上就熟了。用这种方法烘焙出来的肉，闻起来特别香。

🡆 鱼

如果你抓到了鱼，要趁新鲜把它尽快处理掉。将鱼肚子破开，

←肉和蔬菜可以一起串在棍子上，放在营火上烤。

↑烤鱼的方法：可将鱼放在烘烫的岩石上烤或挂在营火旁的原木上烤。

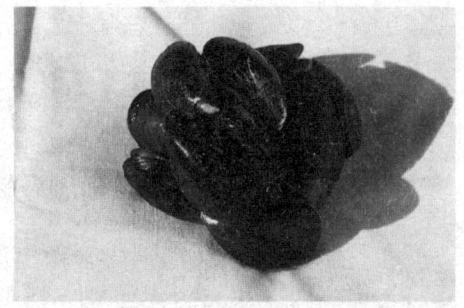

↑贝类可以直接放在火堆中烧烤，但是你得确保其新鲜度。

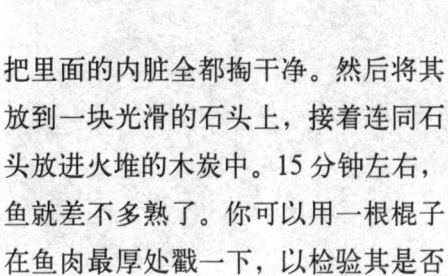

把里面的内脏全都掏干净。然后将其放到一块光滑的石头上，接着连同石头放进火堆的木炭中。15分钟左右，鱼就差不多熟了。你可以用一根棍子在鱼肉最厚处戳一下，以检验其是否熟透。

➡ 甜点

取一个苹果，将其中间的核挖掉，然后往中空部位加一些糖或干果。接着将其用锡箔纸包裹起来，放入木炭中烤15～20分钟。吃的时候不要太性急，因为刚烤好的时候是很烫的。

↑你可以将肉和蔬菜等一起用锡箔纸包裹起来烧烤。

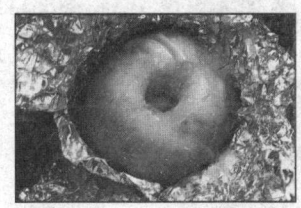

↑烤苹果是一种简单的甜食做法：挖去内核，填入糖或干果，再用锡箔纸包裹起来。

↑烤香蕉做法简单而且味道很好。待香蕉的外皮变黑后就表示烤得差不多了，剥去香蕉皮后，就可以用汤匙取食了。

大本营中的伙食准备

在长期驻扎的大本营肯定会做出比在临时营帐更丰盛的食品,因为你会携带更多的炊具。最重要的是,你能够获得更多的新鲜食物原料。

至于你具体能做出些什么菜肴,得取决于你所处的地方以及你准备进行的活动。比如说,如果有很多人都要离开营地去进行某些探险活动,那你的早餐就要准备得丰盛一些。

↑如果你白天将从事高强度的体力活动,那么一顿好的早餐对你来说将是十分重要的。

➡ 早餐

当天气比较热的时候,你可能不需要一份热的正规早餐,特别是会在营地吃午餐的情况下。相反,如果是在天气比较寒冷时,就有必要准备一份热气腾腾的早餐了。适合作为早餐的食物有:谷类、麦片、燕麦粥,再配上鸡蛋,或者是涂上果酱或蜂蜜的面包。此外,吃早餐的时候,最好能有果汁等饮品,以便为人体提供更多的水分。

➡ 午餐

午餐通常比较随便。但有时候,当人们在野外折腾了一上午后又回到营地时会感觉很饿。因此,你所准备的午餐可以简单,但是一定得耐饥。比较好的午餐搭配是一碗汤加上一份

↑午餐可以做得相对简单随便一些,一碗汤加上一份三明治就可以应付过去了。

三明治。如果可能的话，最好再搭配一点儿新鲜的蔬菜或水果。

晚餐

享用晚餐的时刻也是大家放松休息的时刻，因此晚餐也就相对重要、丰盛。

如果你们喝的是袋装的速食汤，建议你尽量弄点新鲜的蔬菜加到里面去，既增加了营养，同时又改善了口味。

晚餐的主菜应该有一块肉或一条鱼，再配以米饭或者土豆泥以及蔬菜沙拉。在营地里做鱼和肉的最方便的方法就是炖。因为可以同时炖很多的菜，比较适合人数较多的团队。

调味料也是用餐时必不可少的。它可以使你的菜肴变换出多种不同的口味，如酸、辣、甜、咖喱味等。你可以在炖的时候，就将调料放进去。但是加调料的时候，要注意控制好合理的量，特别是辣椒粉，因为不是每个人都能吃辣。或者你可以将一份食物分成两锅烧，一份放辣，一份不放辣。又或者在炖的时候不加调料，等吃的时候让大家各取所需。

晚餐后，可以来点新鲜的水果，或者水果罐头也行。

↑晚餐需要准备得丰盛一些。

保持食物的温度

当你为一个人数众多的野营团队准备食物时，所要面临的一个重要问题就是如何保持食物的温度。其中一个方法是：将煮好的食物放在一口煮着沸水的大锅上面蒸着。这样就能让大家都吃到热腾腾的食物了，而且锅里的沸水还可以用来洗餐具。

至于像煎鸡蛋这样一次不能煎太多且又不适合放在水蒸气里保温的菜肴，可以在大家用餐的时候再做。这样，一出锅就可以马上放到盘子里，从而让大家吃到热乎乎、香喷喷的煎蛋。

饮食卫生

尽管是在户外野炊，但你同样不能降低饮食卫生的标准。不要把什么食物都往一个盘子里装，如果盘子不够，可以吃完一样之后，将其洗干净，再盛另一样食物。

用餐的地方要保持干净。用餐完毕后，食物残渣和溅到外面的汤汁都要收拾干净。

▶ 炊事任务的分配

在人数较多的野营团队里面，最好指定一两个人专门负责规划和准备大家的饮食。这样更有利于合理地控制食物配给量，避免出现混乱的现象，比如弄不清轮到哪个人负责准备食物。从另一个方面来讲，团队中的每一个成员又都应该分担起饮食方面的一些任务，比如洗菜、添柴、分发食物、洗碗等杂事。

由于团队中的不同人都有各自拿手的好菜，有些人擅长烧鱼，而有些人擅长煲汤等等，因此当你们手头有一些特殊原料，而恰巧团队中某个人又擅长做这道菜时，就可以让其来临时掌勺为大家做一顿美食了。但是，负责炊事的人员应当事先告知其一些原料的配给量，免得被其一次用掉很多甚至是用完。

鸡蛋的烹饪方法

鸡蛋是一种很好的食物——易于获取、营养丰富、价钱便宜，且烹饪方法简单；其缺点是易碎，容易在旅行途中被弄破。鸡蛋的烹饪方法有：煎、炒、煮、做汤以及前面提到的放在土豆里面烘烤。

↑炒蛋需要掌握火候。鸡蛋打碎放入锅后需要不断地翻炒，以防其变焦。

↑煎蛋的烹饪时间很短，因此可以在其他食物都已准备就绪后再来煎。

第6章 食物与营养

饮用水

野外生存的时候，你对行进路线、扎营地点等的选择都在一定程度上要受到水源的影响。行进路线和扎营地点附近最好能有干净的水源，这样才有利于你们在野外生活。

⮕ 寻找水源

野外探险时，所取用的水一般都来自于河流、湖泊或小溪。因此，寻找水源也就是寻找河流、湖泊或小溪。如果是在荒漠，一般有植物的地方就会有水源，因此要循着植物寻找水源。此外，干涸的河道或悬崖底下也有可能隐藏着地下水（向下挖60~90厘米）。

↓为了安全起见，你应该将所有野外的水源都假设成是受过污染的。

↑如图所示的这种过滤袋可以过滤掉水中的部分杂质。

如果你是在海岸边，可以在高水位线以上的地面试着挖地下水。一般来说，很容易挖到一口水井，水微咸，但尚可以饮用。尽量取用水井上部的水（含盐量相对低一些）。记住，任何时候都不要饮用海水，因为海水只会使你的体内更缺水。

在淤泥比较多的河流，越是下层的水就越是干净，因为水中体积较大的杂质大都漂浮在水的上层。因此，从河里取出来的河水在净化前应撇去浮于水表面的大颗粒杂质，然后再倒入过滤袋中过滤小颗粒杂质。

183

清除杂质生物体

净化方法	原生物 (5～15微米)	细菌 (0.2～10.0微米)	病毒 (0.004～0.100微米)
煮沸	杀死	杀死	杀死
碘	没有作用	杀死	杀死
氯	对微生物体没有作用	杀死	杀死
银	没有作用	杀死	没有作用
过滤器	能够过滤	如果过滤孔足够小也能过滤	不能过滤
净水器	杀死	杀死	杀死

➡ 水的净化

上面图表清楚地显示了各种净水方法的优缺点。天然水一旦经过净化后，应立即放置在干净的储水容器里面，并贴上标签，以区别于未经处理的天然水。

➡ 煮沸

将水煮沸是一种最安全的净水方法。一般只需将水烧开并保持至少5分钟的沸腾就能达到净水目的了。但如果你想在短时间内一下子获得大量的纯净饮用水，那么这一方法显然并不是很可行。

→将水煮沸是一种最安全的饮用水消毒方式，几乎能够清除水中所有的杂质。

➡ 化学处理方法

目前，市面上有3种常用的水处理化学品，即碘、氯和银。在使用任何一种化学品进行水消毒处理的时候，务必仔细阅读说明书，严格按照其指定剂量投放。如果超量使用的话，很可能会对人体造成损害。

碘

用于饮用水消毒的碘有液体和片状两种外观。经过碘处理过的水需要放置 20～30 分钟后才能饮用。类似碘这种中和性的药剂能够消除水中的大多数异味。

碘只能在短期内使用，不能长期饮用用碘净化的水。特别是孕妇、儿童和甲状腺功能亢进的人是不能饮用碘净化水的。

氯

氯也是一种常用的饮用水消毒剂。将一定剂量的氯投入水中后，大约只需 10 分钟就能完成对水的消毒处理。

银

银对水消毒的效果要逊于其他化学药剂，但其持久性更长且无一点味道。银对水的消毒过程大概要花 2 个小时左右。

➡ 过滤器和净水器

净水器具有过滤和消毒双重功能，处理后的水可直接安全饮用；而过滤器只有过滤一项功能，之后还需经化学药剂处理或煮沸。

→净水器的使用极为简便：将水装入净水器中，让其内部运转一会儿之后，就能倒出来饮用了。

在选择过滤器的时候，主要是考虑其容量问题。过滤器的容量大小应与你们旅行的实际需要相匹配（在温带气候条件下，一般一人一天需要 2～3 升的水；而在炎热气候条件下，一般一人一天需要 6 升的水；如果进行剧烈运动，则需要更多的水）。除了容量外，就是看其过滤水的速度有多快了。至于净水器的选择，主要是看其净水速度及其内筒是否可清洗或更换。

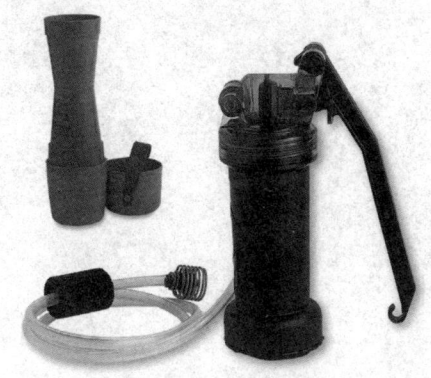

↑在每次使用过滤器后，你都得对其进行清洗，否则其过滤功能将会受到影响。

第7章 ▶ 人与环境

当你走进大自然的时候,你就马上与它产生了密切的联系:自然的力量比你要强大无穷倍,但你也有责任保护自然而不是破坏脆弱的生态系统;尊重自然有助于维护它的完整性,也会让你在大自然中安全地旅行。

● 野外生存必备手册

个人安全

一旦到了野外，你的安全就完全掌握在自己的手中了。仔细筹划是很重要的，咨询一下风险评估机构，优先考虑好卫生问题。无论什么活动，都要时时刻刻向团队成员强调安全的重要性。

↓在劈木头的时候要确保周围有没人，这样在你挥舞斧头的时候才不会碰到别人。

↑制定一套明确的人人都要遵守的规则，意味着你们可以在野外安全地享受美景。

➲ 风险评估

在整个旅行期间，要牢记风险评估的结果。必要的话，应该随时增加或者重写其中的内容。假如你的风险评估报告认为应该戴头盔和浮力助（个人漂浮装置），即使你觉得戴上它们很不舒服或者碍事，也要戴上它们。另外还要和专门机构保持联系以随时获得关于这个地区健康和安全方面的最新消息。

➲ 健康

在出发之前，你们应该采取一些措施，核实一下你和你的团队在生理

第7章 人与环境

和心理上是否都已适合目前的旅行，这一点在你计划进行极限运动的时候尤其重要。在团队中，即便不是每个人，至少也要有一两个人有这类活动的经验。如果没有一定的技巧和经验而贸然进行某些活动是非常愚蠢的，而且几乎肯定会发生事故。

检查一下你自己和团队的急救箱是否准备妥当，还要搞清楚里面装有哪些东西以及怎么使用。安排的急救者或者卫生员要训练有素，随时到位，要求队伍中的每一个人注意个人卫生。在野外宿营的时候，要有临时设施来满足卫生要求，比如设置垃圾箱。

↓在你们动身去不熟悉的地方之前，要弄清楚有哪些可能的危险，比如毒蛇和昆虫。

保护头部

只要是在有峭壁陡坡的地方，就会有石头掉落的危险。在攀登的时候，戴上头盔能够保障你的安全，因为期间不光可能有石头落下来，其他攀登者的装备也有可能掉下来！

任何东西掉下来都可能会导致严重的伤害，尤其是在没有戴头盔的时候。比如说在热带国家，许多人被树上掉下的椰子砸死砸伤。这个例子给我们的教训是——没有必要的话，不要在椰子树下面行走，对于峭壁陡坡来说也是一样。假如你参加的是一次登山探险，最重要的就是警惕那些潜在的危险，随时准备保护好自己不要被掉下的石头砸到。在攀登的时候，为了下面其他人的安全，注意握紧你自己的装备。

➡ 安全和装备供应

你应总是把基本生存工具箱带在身边。检查一下你的个人装备和衣物是否适应可能遭遇到的恶劣状况，在旅途中还要定期检查一下每件东西是否完好。如果有损坏的话，要马上修理。

➡ 安全规则

要制订出一套简单全面的安全规则，参加活动的每一个人都得同意、签字并且遵守。在旅行过程中，你可能会遇到其他人，包括当地居民。他

189

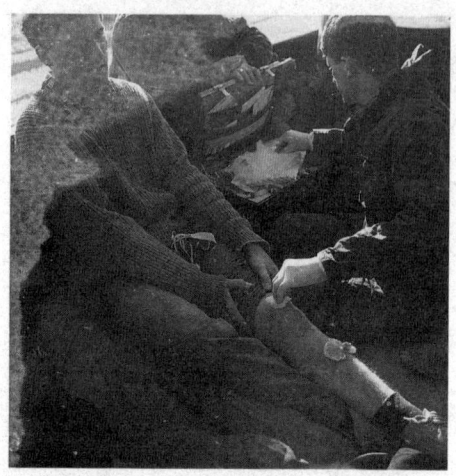

↑每个队伍中至少有一个具有医疗资格或者受过全面急救训练的人。

↑当你做饭的时候，要确保煮锅放得平稳牢靠，不会轻易被打翻。

们可能不会遵守你们制定的规则，比如说饮水，这些人对于许多可能引起疾病的细菌是免疫的。当然，或许他们也会因此生病，但至少你不想和他们一样得病，所以千万不要因为他们的做法而动摇遵守规则的决心。

保证安全

许多登山事故都是发生在下山途中，而且是在地势并不艰险的平缓地面，因为这时候登山的人已经远离那些难以对付的地带，压力得以缓解而忘了在登山的最后阶段仍然要完全集中注意力。

在许多探险中，事故常会发生在营地或者其他的安全地带，因为在这里人们开始放松。每个队员都要意识到不仅仅在可能处于危险的紧要时刻

↑如果你们打算划小船或者撑独木舟的话，每个队员都应该知道如何应对翻船。

注意安全，在其他时刻也同样要随时注意，这一点是至关重要的。

第7章 人与环境

爱护环境

许多人喜欢到野外和乡村去,部分原因是为了享受那种安宁、幽美和恬静。所以在你计划旅行的时候,不管是一个周末的远足还是为期几周的探险,都要保证不破坏乡村里能给你带来快乐的每一件事物。

顾及他人

你所游览的地方也是许多人生活和工作的地方,所以爱护他们的房屋和土地,不要做任何扰乱他们生活的事情。不要把车停在阻塞入口和通道的地方。在扎营之前,一定要事先获得别人的允许。如果你要划独木舟而河上又有人钓鱼的话,尽量避开他们

↑无论什么时候使用火柴都要极其小心,因为野火能够以极快的速度摧毁一片原野。

以免扰乱河面的平静。

乡村生活

如果在一个国家公园或者其他有道路网的区域行走或者骑车,要沿着道路走,避免踏坏土壤,同样穿越农场的时候也要沿小路走,以免破坏庄稼或者惊吓牲畜。要重新关紧每一个经过的门,不要损坏篱笆、栅栏和围墙,也不要随便把狗放出来。

假如要点火的话,要格外小心,因为火很容易失去控制,尤其在又热

←穿越牧场的时候尽量避免打搅牲畜,沿着已有的小路走,记得关上身后的门。

野外生存必备手册

↑要合理处置废弃物，一个大的营地留下的垃圾会破坏自然环境。

不留痕迹

"有责任心的游客只会带走回忆，不会留下脚印。"不管你是去乡村散步，还是在荒野搭营，或者是去一个遥远的、经济文化容易受到外来游客影响的国家，都要记得这句话。

又干燥的冬季里。处理每一个废弃物的时候，要放在垃圾袋里然后烧掉或者埋起来，也可以带回去。

保护野生动物

不要去喂野生动物，不管它们多么需要。因为这样做会使它们依赖人类给予的食物，结果是当你离开之后，它们会失去寻找食物的能力。这样做也会使它们失去害怕人类的自然习性。对于大型动物来说，这就意味着它们会围在其他人身边，这种行为对人类非常危险。

携带野生动物制品入境在很多国家都是违法的。如果你禁不住诱惑买了动物的皮、牙、蛋或者其他动物制品，一定要保证你有材料证明这些东西是从被许可的畜牧中心购买的，否则你

↓野外扎营的时候，你们要考虑到栖居的野生动物，不要在它们的巢穴或者明显的觅食地附近搭营，以免打扰它们的生活。

↓如果你有幸见到野生动物的话，不要给它们喂食或引诱它们离开正常的栖息地。

第 7 章 人与环境

←不要受诱惑去买当地商人卖的海贝，因为不断收集海贝会破坏海底的自然环境。

的东西几乎可以肯定是从野外取得的。记住，在世界上任何地方，购买犀牛角都是违法的。

如果你去的是沙滩或者沙滩附近，尽量避免损害珊瑚以及其他的水中生物，而且不要买珊瑚或者海龟制品，买这些东西将会刺激当地人为了经济利益继续破坏当地的自然环境。

尊重当地文化和风俗

去一个陌生的国家或地区之前，应该读一本好一点的旅行指南，尽可能多地了解当地的文化和风俗，这样可以增加你的旅行经验，同时也可以避免做错很多事情或者不慎冒犯别人。

假如你去国外旅行的话，你得注意所到国家的宗教信仰以及这个国家对于宗教的态度。如果这个国家的语言与你的语言不同，那就找时间学一点那里的言语。即便你在去之前已经掌握了一些基本知识，但面对面用心学习用当地人的语言并与他们说话也会受到他们的欢迎。着装得体对于避免冒犯别人也很重要。因此在你去之前要弄清这些规矩以及其他的风俗，并且一定要遵守规矩及尊重风俗。

如果你想要给当地的居民、房屋或者财产拍照的话，要事先得到允许并表示愿意支付一定的费用。在给女性拍照的时候要尤其注意。一般来说，尊重别人就是尊重自己。

野外生存必备手册

野生动物

根据旅行地点的不同，你会遇到不同的野生动物、爬行动物、昆虫和海底动物，这些动物都有可能伤害甚至杀死你。采取明智的预防措施（包括接种疫苗、了解动物的习性）并且对危险保持警惕，这些有助于保护你免受攻击。

> **狂犬病**
>
> 在狂犬病流行的国家，家畜和野生动物都有可能被感染。狂犬病的典型症状是唾液分泌过多，行为举止显得烦躁好斗。因此在旅行前要接种疫苗并尽量避免接触动物。

▶ 哺乳动物

所有的野生哺乳动物都会避免接触人类，它们仅仅在感觉到处于危险的时候才会攻击你，比如你使它们受到惊吓并且无法逃生。在人类突然遭遇动物的时候，易于发生动物攻击事件，因此要故意制造声响让它们知道你们在附近。

雌性动物和雄性动物一样具有攻击性，它们在保护幼崽的时候更是如此。明智的做法就是尽量不要太靠近任何野生哺乳动物，也不要试图触摸它们。这一点对于像绵羊和牛这样的家畜同样适用，对于狐狸、鹿、熊和大型猫科动物也是如此。

↓河马生活在非洲的水域里，如果它找不到从人类身边逃开的路，就会攻击人类。

↓所有的雌性动物都会保护自己的孩子，对于母狮来说，这一点会使它们变得非常危险。

第 7 章 人与环境

↑棕熊更有可能避开而不是攻击你,但是母熊如果要保护它们的幼崽的话会变得很有攻击性。

↑鹿通常很温顺,但是在交配季节成年雄鹿会变得很有攻击性,因此最好不要靠近它们。

熊不会主动寻找你们,但是如果它们闻到食物气味的话,就会被吸引到你们的营地中来。所以你得把能吃的东西都封存好,并且不能把任何食物放在帐篷里面。

假如真的有大型肉食动物靠近你,你应该缓慢撤退到安全地带。千万不要转身逃跑,因为这样可能会激发它捕食猎物的本能。

蛇

蛇只在被踩到或者受到威胁并且难以逃离的时候才会攻击人。许多种类的蛇只在夜间出没,所以当你在黑夜行走的时候记得要带一个手电筒。没有毒的蛇要比有毒的蛇多得多。蟒蛇没有毒但是可能会狠狠咬你一口,通常会让你感染发炎。只有最大的蟒蛇,比如森蟒,才会攻击人类。

↑了解一下你所旅行的地方土生蛇的种类,注意在哪儿可能会遇到它们。

↑即使你确信某种蛇是没有毒的,你还是应该让专家来处置它们。

蜥蜴、鳄鱼和短吻鳄

只有大型的蜥蜴对于人类才是有威胁的,如尼罗河巨蜥和印尼科莫多龙蜥。生活在非洲、亚洲和大洋洲热

195

↑东南亚和大洋洲北部入海口处的鳄鱼是这个种族中最大最危险的一种。

↑在热带地区,在坐下来或者把脚放进鞋子里面之前要检查一下,长得又干又黑跟地面一样的蝎子可能会让你大吃一惊。

带淡水水域的鳄鱼极其危险,如果看到它们的话要避开。美洲短吻鳄喜欢一动不动地等待猎物,但一旦移动起来,速度非常快。

你所捡起来的东西和所坐的地方。每次使用寝具、衣服和靴子之前都要抖一下,而且一旦用完以后就要马上收起来。

昆虫

蚊子能传播许多种疾病,包括疟疾和黄热病。在热带地区旅行的时候,除了要接种疫苗以外,你还应该穿合适的衣服,睡在蚊帐里,使用好的驱蚊剂来保护自己。

如果你被蜜蜂、马蜂或者大黄蜂蜇到以后产生变态反应,或者是惊动蜂巢被蜇很多次,就可能有生命危险,所以一定不要在蜂巢附近搭营。

壁虱、小蜘蛛、羽虱、绦虫和蛔虫等轻则让人感到不舒服,重则导致疾病。因此不要光脚走路,也不要在牲畜去过的地方坐下或者扎营。蝎子和毒蜘蛛是南美洲、非洲和大洋洲常见的昆虫,去这些地方的时候要保持警惕,仔细查看

水生动物

如果你踩在石头鱼身上,它们的背鳍就会喷射毒液,另外它们的刺也是致命的。盒状水母同样也很危险,在水中很难看见它们,游泳的人无意中扫到它们的触须可能会被蜇到。

鲨鱼生活在温暖的热带水域中,其中大白鲨很有攻击性,因为它们常常误把人类当做它们的主要猎物海豹。

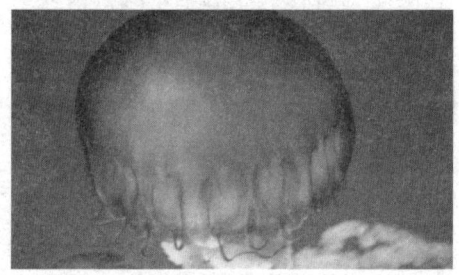

↑水母遍布全世界,要是海滩上布满了水母的尸体,就说明那片地区有成群的水母。

第 7 章 人与环境

植 物

你可能会受到来自野外植物的威胁——皮肤可能被刺扎到或者刺破，或者在吃了有毒的植物之后生病。

➲ 尖刺

有许多植物长刺，如果你不小心踩在上面或者碰到它会被扎得很痛，它们也会挂住你的衣服或者刺穿你的靴底。

所以不要光脚走路，扎营的时候检查一下搭建帐篷的地面和周围的场地，看看附近有没有长刺的灌木。

热带地区许多植物的种子带有尖利的芒刺。如果踩到它们的话，可能

↑卷桩蘑菇是一种很常见的蘑菇但是却奇毒无比，其毒性导致的后果类似于白血病。

会刺破靴子甚至扎到脚上的皮肤，并且可能会感染。

➲ 昆虫

非洲的有些洋槐树与蚂蚁一类的昆虫之间有共生关系，树木为昆虫提供营养而昆虫为树木抵挡啃树的其他动物。因此如果你不小心擦到或者碰到树木，许多蚂蚁会从树干上倾巢而出来攻击你。

➲ 菌类植物

可以安全食用的菌类要比有毒的菌类多得多，但是其中有些有毒的品种极其危险。致命的草蕈类菌，比如说毒伞菇和催命天使是白色的蘑菇状

↑非洲洋槐树不仅有野生刺来保护自己，而且还有寄居在树枝上面的蚂蚁的保护。

197

的真菌，除非你能识别它们，否则极易将它们误认为可食的蘑菇。毒蘑菇的特征包括：茎的基部有外被或者顶盖，茎周围有环以及白色的菌褶。毒蝇伞带有独特红白顶盖，很容易识别。

对于真菌和其他所有的野生食物，一条合理的建议就是你只能吃那些绝对能够准确识别的品种。到野外的时候最好有个专家或者有本可以信赖的书在你身边，能够教你识别最适合吃的物种，任何不能准确识别的东西都不要吃。

↑毒蝇伞很容易被识别，因为它的颜色很独特。

➡ 有毒植物

首要的规则是不要吃带有浆液的植物或者把眼睛靠近它们，比如甘遂树或者某些毛茛属植物。有些植物，比如说毒藤木和毒橡树，如果你碰到它们的叶子，皮肤会起热疹。这些植物和许多其他刺激性植物都特别危险，手碰到它们以后再揉眼睛，可能会导致永久性视力损坏。

一些温带地区常见的树木，比如紫杉和金链花，会结出有剧毒的浆果和树荚。红树木科的有些树木（如盲红木）结出的浆果，人的眼睛靠近的话会导致失明。

↑这种蘑菇名曰"催命天使"，其名字取得很是恰当，呈白色，毒性致命，通常和许多食用菌生长在一起。

↑毒蝇伞所具有的独特的红色在大雨之后可能会褪成橙色。

↑危险的毒伞菇。只需一株就足以致命。

↑瓢虫菇中毒占蘑菇中毒事件的一半以上。

第 7 章 人与环境

← 马栗，又称七叶栗，具有毒性，千万不能同甜栗混淆。

不要接近任何有苦杏仁和苦桃子气味的植物。成熟的蕨树越老越有毒。记住这一点极其重要：不要吃不认识的植物。

红树木

这种树生长在热带地区潮湿的沟渠两边，它们的树根缠绕在一起，为许多其他植物和动物提供了栖息的地方。

尽管这种树木本身不太可能给你带来伤害，但是它们会招来河蚌。这些河蚌像剃刀一样锋利，人在穿过树林的时候会被它们割到腿和脚。如果你要寻找水源，选一条别的路，不要冒险穿越一片红树林。森林地带也是咸水鳄鱼和蛇的栖息之地，所以你到那儿的时候一定要格外小心。

坚果和果实

许多植物的果实很好吃，但是你应该注意，有些可以吃的坚果、莓果和其他有毒的果实非常相似。举个例子，即烤熟的甜栗很好吃，而马栗却是不能吃的。甜栗很容易被识别，它们外壳上有很多茸毛。

许多热带果实成熟的时候看起来很诱人，你甚至看见动物吃这些果实，但是不代表你吃是安全的，除非你准确地知道它们是什么。

煮甜栗

1. 切开栗子的表皮，以免它们在加热的时候爆裂，然后把它们放到一锅沸水里煮大约 20 分钟。

2. 沥干栗子，待其凉至可以触摸的时候，剥掉外层的皮。然后剥掉里面的皮，这时候你可能需要用一把刀子。

199

• 野外生存必备手册

户外危险

保护自己的最好方法就是知道危险什么时候发生以及怎样发生,并且知道发生的时候如何应对。穿越河流、行走在冰雪之上、探索山洞和森林都是有潜在危险的活动,谨慎、明智可以使你远离伤害。

➡ 雪崩

如果你们一行人决意要爬过有雪崩危险的雪山,那么每次只可让一个人先去。在腰上系上一条颜色鲜艳的长腰带,如果发生雪崩的话能够增加被别人发现的机会。即使别人看不到你,还能看到地表的腰带。手机或者卫星电话可能会救你一命,只要你能够移动胳膊使用它。你还可以携带一个用于发出雪崩求救信号的无源反射器,当警报响起营救人员到达的时候,他们可以从空中或者在地面侦察到信号。这些东西现在被内置在许多夹克和靴子里面,你也可以单独从滑雪商店购买。雪崩发生以后,如果被埋在里面的人在15分钟以内被发现的话,生存的概率很大,但是如果在45分钟以后才被发现的话,生存的可能性

↓在踏上冰面以前要确保冰是坚固的,而且不要在有风的天气里穿越冰面,因为你有可能被困在一块移动的浮冰之上。

第7章 人与环境

↑ 虽然在自然形成的洞穴里面或者周围攀岩很吸引人，但是不牢靠的石头会给活动者带来危险。

就微乎其微了。

当遇到雪崩的时候，要奋力向一侧逃跑，因为即使你踩着滑雪板也快不过雪山倾覆的速度。一旦雪崩，要努力用游泳的动作让自己靠近雪的表面。

➡ 流沙

一开始显得很牢固的地面最后可能会让人陷入其中。无论是沼泽地还是干燥地区，细土和沙的特殊结合物，一般都被称做流沙。

尽量不要涉足任何沼泽地，假如你必须穿过的话，努力让每一步都踏在牢靠的植物或者岩石上面。如果你确实发现自己下沉得太快而不能逃离，

→ 在山区野营的时候要谨慎选择营址，远离可能发生雪崩或者山体滑坡的地点。

那就马上停止挣扎，展开双臂向后仰。在救助到来之前，你应该能够以这个姿势"漂浮"。如果你感觉这样做没有什么不妥的话，那你可以慢慢地"游"到更结实一点的地面。

如果你必须穿越沼泽地或者流沙地带而且没有任何东西可以踏的话，那就临时使用梯子、木板、背包或者其他任何可以分摊你体重的东西。

➡ 河流

很多人在穿过看起来很平静的河流时溺水，这些河流其实远比他们看起来危险。应沿着河的上下游检查，找到最容易穿越的地方。记住，如果河流湍急的话，即使深至膝盖的河水，没有绳子辅助也不能穿越，除非水深得可以游泳而且水流平缓。过河的时候摔倒在很急的水流里是非常危险的。如果遇到这种情况，你应该尽量仰面

↑ 无论景色多么优美，海滩总是一个可能有危险的地方。很深的水域、海岸的强风、海洋的激流都会带来危险。

↑ 活跃的火山能够产生壮观的景象，但是你不应该在没有咨询当地专家的情况下就贸然走近火山口。

顺流而下，让双脚浮起来，在水流浅到能让你停止漂流之前，千万不要试图站起来。

如果你想要趟过一条河，最好先用树枝试一试河水的深度，假如用脚试的话，则要加倍小心。

洋流

海洋里的水流通常不如河里的水流那样急，尽管如此，还是要当心，它也许快得没办法让人在里面游泳。洋流可以由潮汐、沿岸漂流或者周围其他因素所引起，你一定要弄清楚这些因素。如果你不知道哪一种因素会起主导作用，最好询问一下当地人。记住潮汐流一天可能回潮两次，在某些岛屿可能回潮4次。此外，还要记住顺风洋流和逆风洋流所代表的海洋状况是完全不同的。

冰裂缝和冰川

除非你是一个很有经验的登山者，否则不要到冰川上去。你们必须总是3个人一组用绳子连起来，登山营救装置也要配备齐全。对于如何使用装置要熟记在心，以防有人落入冰裂缝里面。

洞穴

如果你要进入一个洞穴，应该想到也许有动物住在里面，而且你有可能被它们认为是另外一个有攻击性的动物。即便你没有遇到住在洞穴里面的动物，鸟类、蝙蝠和其他动物的粪便也会使人感染许多种疾病，所以要小心你在里面所碰到的东西。

如果这个洞穴又深又复杂，使用简单浅显的方法做标记能让你们再找到出来的路。如果这个洞穴面朝大海，要当心潮汐的变化。曾经有许多人由于唯一的逃生路线被涨潮的水堵住从而困在洞穴里面，处境十分危险。

第 7 章 人与环境

了解天气状况

在计划一次旅程时,天气因素极其重要,因此需要弄明白气象图上所画的和广播天气预报所报告的气象术语和符号是什么含义。了解你所要到的地区的最高和最低气温是多少,每个月的预期降水量是多少,这些都是非常有用的信息。

➡ 等压线

气象学家测量大气压的次数是国际通行的,也就是每 3 小时在地图上标出一次气压相同的点,再将它们连成线,就是等压线。等压线离得越近,该区域的风力越大,因为这显示出气压值在一个比较小的区域快速变化。

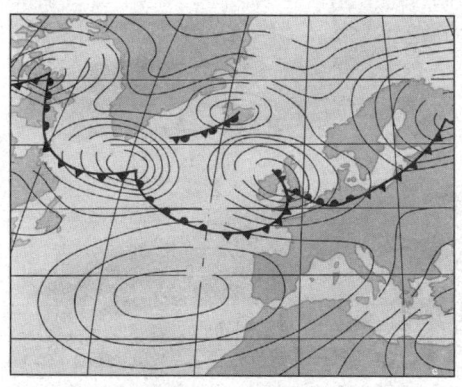
↑低气压地区在气象图上以密集的等压线构成的同心圆表示,常常与冷锋或者暖锋关联。

气象图上的等压线形成的同心圆说明了低压区(低压或者气旋)和高压区(反气旋)的位置。

➡ 锋面

锋面在气象图上一般以粗线为标记,带有小三角形的是冷锋,带有半圆形的是暖锋,锋面标示了来源和温度各不相同的大气团之间的边缘。暖锋表明暖气流将要到来越过冷气流,一般会带来一阵暴雨,随后气温上升。冷锋表明冷气流从底层取代暖气流,一般会带来短暂的大雨,随后天气变得更为晴朗,伴有阵雨和阵风。

➡ 低气压(气旋)

低气压也被称为气旋。在北半球,当低气压到来时,风以逆时针(在南半球是顺时针)方向吹,通常会带来降雨。

➡ 高气压(反气旋)

高气压在气象图上是以稀疏的等压线区域为标记的。高气压来的时候,在北半球风以顺时针方向吹,在南半球风逆时针吹,这时候气压很高,风

203

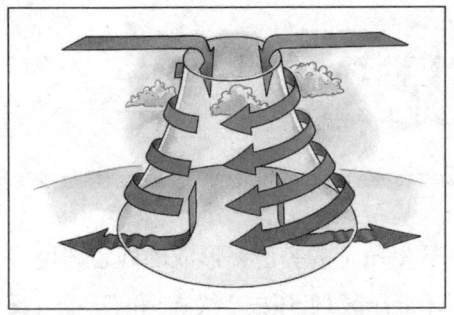

↑在高气压中,空气下沉,压缩,天气温暖。云容易散开,风一般很轻柔。

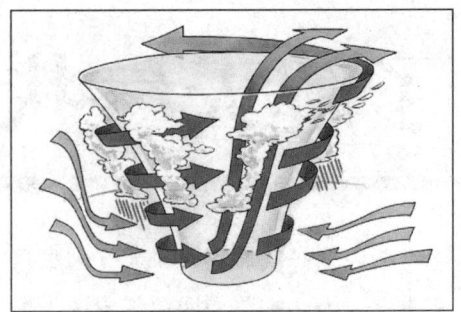

↑在低气压中,空气上升,扩散,天气凉爽。水气凝结形成云层并且会带来降雨或降雪。

很轻柔。

高气压在夏天会带来晴朗的天气,在冬天会带来寒冷多雾的天气。

至于风的温度,一般来说,夏天经过大陆的风要比经过海洋的风更为温暖干燥,冬天经过大陆的风要比经过海洋的风更加寒冷。在北半球,来自北方的风比来自南方的风要冷,而在南半球则恰恰相反。

⇨ 风

风速通常是以节(海里／小时)来计算的,还有一种叫蒲福氏风力级数体系也被用来描述风速。

↑卷积云意味着晴好天气,它们通常出现在暴风雨之后。

↑高积云预示着晴朗的天气,它们通常出现在暴雨之后。

↑积云如果散开的话代表着晴朗的天气,但也可能有阵雨。

↑层积云布满天空意味着会有小阵雨,而且会很快消散。

↑压得很低的黑色雨云表明大雨或者大雪将要到来。

↑层云看起来像山中的雾,尽管不是雨云但也能带来毛毛雨。

蒲福氏风力级数表

风力级数	名称	海面状况 海浪（米） 一般最高		海岸船只征象	陆地地面征象	风速（海里/小时）
0	无风	–	–	静	静，烟直上	小于1
1	软风	0.1	0.1	渔船略觉摇动	烟可随风飘，但风向标不能转动	1～3
2	轻风	0.2	0.3	渔船张帆时，每小时可随风移行2～3千米	人感觉有风，树叶微响，风向标能转动	4～6
3	微风	0.6	1.0	渔船渐觉颠簸，每小时可随风移行5～6千米	树叶摇动不息，旌旗展开	7～10
4	和风	1.0	1.5	渔船满帆时，可使船身倾向一侧	地面灰尘和纸张被吹起，小树枝摇动	11～16
5	清风	2.0	2.5	渔船缩帆（即收去帆之一部）	小树摇摆，内陆的水面有小波纹	17～21
6	强风	3.0	4.0	渔船加倍缩帆	大树枝摇动，电线呼呼有声，人举伞步行困难	22～27
7	疾风	4.0	5.5	渔船停泊港中，在海者下锚	全树摇动，人迎风步行困难	28～33
8	大风	5.5	7.5	进港的渔船皆不出	小树枝折毁，人步行向前感觉阻力甚大	34～40
9	烈风	7.0	10.0	汽船航行困难	建筑物有轻微损毁	41～47
10	狂风	9.0	12.5	汽船航行危险	树木拔起或建筑物损坏严重，陆上少见	48～55

求救信号

在从事任何探险活动之前，你都必须事先考虑如果紧急事件发生该怎么获得帮助。你应该让其他人清楚你的计划和路线，以便他们在你没有返回的时候采取措施。但是如果你生病、受伤、迷路或者陷于某种困境，所需要做的就是向可能的营救者发出求救信号。

有两种求救信号：一种需要使用特殊设备，另外一种只要借助于自然材料。如果是在野外生活，你会发现在需要的时候能够使用这两种信号很有帮助。

如果你要去荒野地区，你应该提前弄清楚那儿是否有独特的求救信号系

↑营救的直升飞机找到你后，落地的时候可能又艰难又危险，所以给机组人员的信号必须要非常清晰。

统。如果有的话，要确保你和你的团队学会使用它。另外，当你在这个地区时，会被要求携带一些特殊的求生设备，这些设备可能包括相关的信号设备。

🡆 基本求救信号

如果你需要帮助，你所传送的信息必须能够让看到的人明白。SOS是一个国际通用的求救信号，它可以使用摩尔斯电码（三点、三划和三点）来传送，既可以用镜子或者手电筒的照射，也可以用烟火信号，还可以写在地面上作为视觉信号来传送。此外无线电求救信号"mayday"（来自法语中的"m'aider"）也广为人知。

↓如果你需要制作一个视觉信号，得选择一个空旷的地方，这样别人才有可能从地面和空中看到。

第7章 人与环境

你还要学习国际登山求救信号，它包括用手电筒照6次和用哨子吹6次，或者挥舞某件东西1分钟，再停1分钟，然后不断地重复发送信号。任何看到求救信号的人应该用手电筒照3次，哨子吹3声或者挥舞3次来回应。

人们会严肃地对待这些信号，所以只有在你处于困境的时候才可以使用它们。

视觉和听觉信号

如果营救人员可能乘直升机或者飞机来，你需要临时制作一个足够大的信号标志以引起他们的注意。如果营救人员可能从陆地上到达，听觉信号（比如哨声）会更有效。

当然，你所用的任何地面的视觉信号都必须放置在空旷的地面上，这样才能从各个方向看清。在白天和晚上你需要使用不同的视觉信号，但是声音信号在白天和晚上都一样有效。

如果你在车子里面，就应该一直

↑一块折叠好的保温毯可以折射太阳光以形成求救信号。

待在那儿，因为它会为你提供一个栖身之所，尤其是在夜里还可以保护你免受野生动物的攻击。车辆本身也是一个视觉标志，因为它相当大，可以从空中看到，特别是在你把一些颜色鲜艳的东西放在车顶或者是车旁的时候。最后一点，如果你曾经告诉过别人你打算要走的路线，营救队员在寻找你的时候就会沿着这条路线走。

哨子

团队中的每个人都应该时刻随身携带一个哨子，并且应该知道国际登山求救信号或者你们一同约定的特殊

↑一个亮橙色的睡袋可以铺开以形成地面信号。

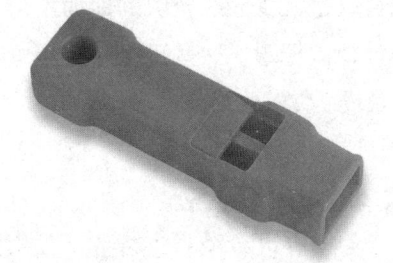
↑每个探险队员的基本生存工具箱里面都应该有一个哨子。

信号。哨子不仅对于引起营救队员的注意很有作用，当探险队中的任何成员迷路的时候也很有用。

▶ 移动电话

在许多国家，如果出现紧急状况，你可以使用移动电话联系营救组织，在发生受伤或者患急性病的时候这种做法有可能会节省下生死攸关的时间，但是有了它你也不能降低安全措施和合适装备的正常标准。

有些时候处于困境的登山者会打电话回家，然后通过他们的家属联系上营救组织，从而奇迹般地获救。尽管如此，你还是应该事先准确了解求救的电话号码。

▶ 个人装备

如果你在茂密的灌木丛或者树林里面，你可以把你的装备放在自己的任何一边摆成一条长线，这样在地面搜救你的人会更容易找到你。或者你也可以把装备放在空旷的地面上形成一种视觉标志，这样可以向空中营救人员提示你的位置。

▶ 特殊信号装备

如今有很多种紧急装备可以用来帮助你发送求救信号。当然，你不必也不可能全部带上这些东西，所以你需要选择一种最适合你的具体情况的信号装备。

发报机和营救台

这种传统的海上信号传送方法在陆地上变得越来越常用，但是发报机的覆盖范围有限而且需要依赖电池。当你陷入困境时应每天安排发报两次，比如说在中午和午夜，每次持续约15分钟，以便让接收者有足够的时间进行精确定位。

照明弹和烟雾

这些东西一般可以从专卖店买到。在有些地方购买的时候，需要有火器证明。照明弹能够发送视觉和声音信号，但是它们很危险，所以需要按照使用说明小心操作，而且不应该让任何没有受过训练的人操作它们。

照明弹和烟雾器在使用时会变得很烫，所以握着的时候要戴上手套。烟雾器可以作为一种有用的视觉信号来向地面或者空中发出救援信号，在发出地面救援信号的时候需要放在一个没有遮蔽的地点以便可以从远处看到。如果你没有带烟雾器，也可以点火，形成烟雾。

第7章 人与环境

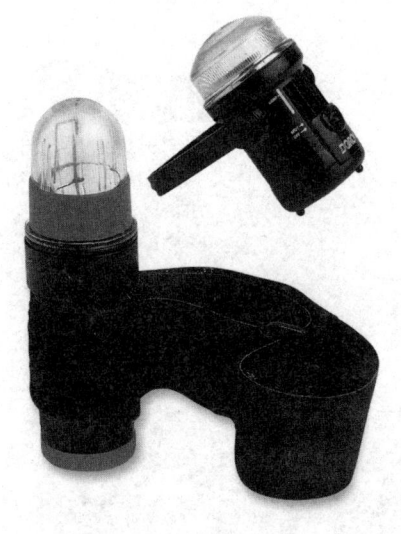

←支架可以把手电筒或者闪光灯支撑起来当做信号灯。

→带着手电筒,在需要的时候可以用它发送国际登山求救信号。

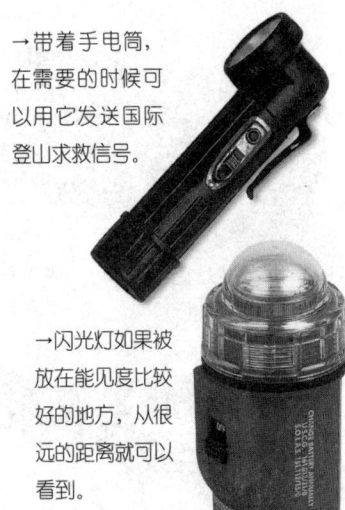

←可调整的皮带可以把闪光灯固定在圆形框子上或者挂在杆子上。

→闪光灯如果被放在能见度比较好的地方,从很远的距离就可以看到。

手电筒和闪光灯

手电筒可以用来发送信号,把营救人员引来。闪光灯一旦打开会发出几次耀眼的闪光,夜晚在很远的距离都可以看到。

日光反射信号器

日光反射信号器是一块闪亮的扁平金属板,通常是银色的。它可以利用太阳的反射光线来发射一种视觉信号,中间的孔可以帮助你把太阳的光线引到想要发射的地方。日光反射信号器的信号在很远处就可以看到,使用起来很便捷而且需要的能量也很少。但是使用它们肯定需要晴朗的环境条件。

使用的时候握住日光反射信号器朝着太阳的方向,然后向下倾斜直到太阳的光束投射到地面上。要确保光线投射到正确的位置上,移动面板把光线反射到经过的飞机或者营救人员可以察觉到的远处的某个地方。

染水剂

如果你需要在船上发送求救信号,把一包染水剂投到水中,很快就可以被别人看到。被染过的水域颜色鲜艳,可见度高,可以比一艘小船更容易被

→假如飞行员离你太远看不到你的话,日光反射信号器是一个吸引他们注意力的好方法,因为在很远的距离就可以看到它反射的光。

209

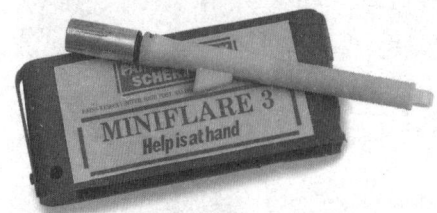

↑使用某些照明弹要求持有火器许可证，因为这些照明弹本身很危险。

↑照明弹能够发送视觉和声音信号，但是没有经过适当训练的人最好不要使用。

空中营救人员看到。

地对空信号板

地对空信号板通常是荧光材料制成的，这些面板可以放在地面上作为地对空信号或者放在山腰作为地对地信号使用，尺寸最少要180厘米长，75厘米宽。了解这些代号很有用。

↓倾斜日光反射信号器让阳光反射到飞机上，不停地晃动可以吸引飞行员的注意力。

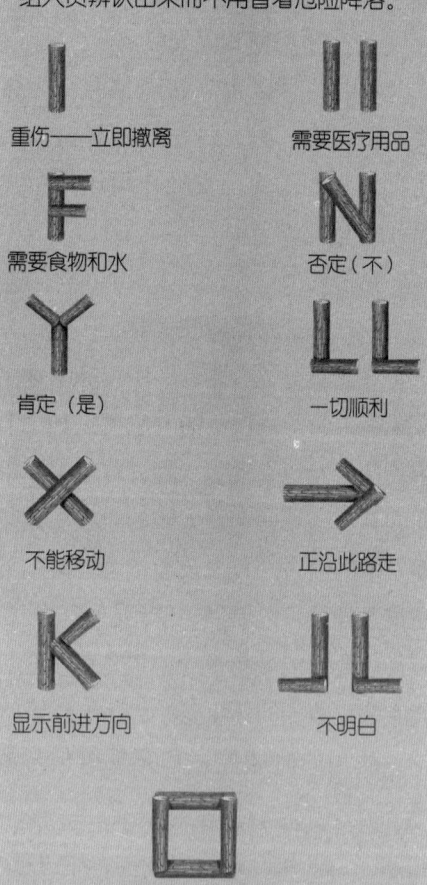

地对空代码

这种代码是设计用来摆放在地面上的，通常使用特殊的面板或者你可以找到的任何自然材料，比如树枝、石头、鹅卵石等来摆放。你可以在沙滩或者泥浆中画出这些符号，做得越大越好，这样别人才会很容易看到并正确理解它们。如果你只需要空投一些生活用品而不需要营救的话，其中有些信息特别有用，因为这些信息可以让飞机和直升机的机组人员辨认出来而不用冒着危险降落。

I — 重伤——立即撤离
II — 需要医疗用品
F — 需要食物和水
N — 否定（不）
Y — 肯定（是）
LL — 一切顺利
X — 不能移动
→ — 正沿此路走
K — 显示前进方向
⌐⌐ — 不明白
□ — 需要指南针和地图

第7章 人与环境

←在有雾的天气里烟雾信号可能看不见，而且你也无法折射太阳的光线，但是这时候手电筒可以派上用场。

要在字母的底部填充上木块、石头或者泥土使字母显得更清晰。如果你车子里有燃料的话，沿着字母的笔画洒一些燃料，当你听到头顶上有飞机声就马上点燃它。

如果你使用这种方法发送信号，你要确保在被营救以后或者离开以后要熄灭火焰，否则其他营救人员可能会看到火光并且会冒着生命危险去寻找一个实际上并不存在的幸存者。

▶ 自然信号

如果准备不足或者只是运气不好，没有带任何专门信号设备在身边，你可以使用工具箱里的一部分工具或者其他任何原地发现的自然材料（比如树枝和石头），在地面上摆成"SOS"形状或者相关的地对空信号来显示你的位置。

你可以在地面上、雪地里或者沙滩的沙子上挖出或者刮出"SOS"的字样，把字母做得越大越好并且把边缘堆起来，这样白天的时候影子可以使字母凸显出来。在雪地里，你可能需

→如果你听到营救人员到来，准备好生火的材料和一些树叶，将树叶盖在火焰上可以产生烟雾。

▶ 火

在夜晚，火光是一个很好的信号。在白天的时候，如果你把长有鲜嫩叶子的大树枝放在火焰上，它会产生浓密的烟雾，这对于空中和地面的救援来说都是一个效果很好的信号。即使不是用火取暖，你也应该事先做好准备，备好燃料，这样如果你听见或者看见可能的营救人员到来的话就可以很快点燃火焰。

211

第8章 ▶ 急 救

　　无论你的行程准备得多么仔细，事故和紧急情况总是可能出现，即使队伍中最健康的人也有可能会被疾病击倒。有些种类的探险活动具有的危险性特别大，但是如果你准备得当，配备了合适的急救箱，并且了解最新的紧急救生步骤，你就会有信心应对任何的未知情况。最重要的是你应该知道自己的局限性——弄清楚哪些事情可以由你自己处理，哪些事情应该留给医疗救助机构来处理。

基本急救处理

在处理任何伤口时，你都得戴上一次性外科手套以免发生交叉感染，并且还应当知道怎么做人工呼吸以及怎么把伤者放成恢复姿势。

➡ 伤口

即使是很小的伤口也能导致持续流血，所以应该及时清洗并敷好伤口以免感染。严重的失血可能会导致昏厥。

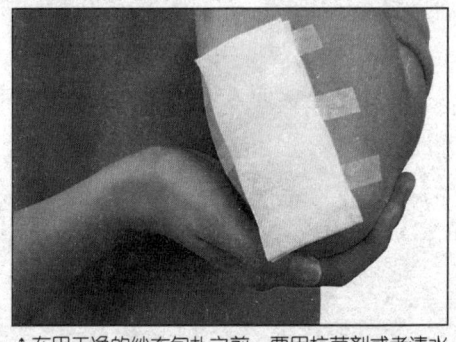

↑在用干净的纱布包扎之前，要用抗菌剂或者清水清洗微小的伤口。

止血

如果流血不是很严重，清洗好伤口后，就可以用干布敷好并打上绷带。如果很严重，直接用一块干净的敷料或者敷垫用力捂住伤口，让受伤的人躺下，然后抬起受伤的肢体，让其高过心脏，接着用绷带扎紧伤口处的敷料。假如血渗出敷料，要立刻用绷带把加上的敷料紧紧绑住，千万不要试着揭开原来的敷料。

清洗伤口

清洗伤口要遵循从中间向外边洗的顺序，这样任何沙子或者脏东西都会被擦到伤口的边缘，然后用一块清洁的干布捂住伤口，再用胶布或者绷带扎紧。

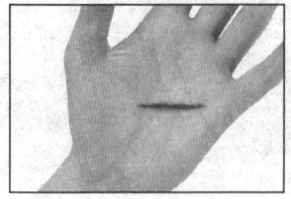

↑刀子或者碎玻璃导致的割伤可能会伤到皮下的肌腱和神经，因此止血要花很长时间。

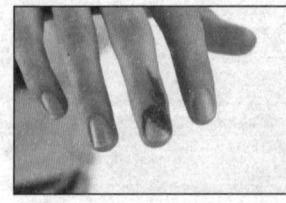

↑指甲和趾甲处的伤口很容易感染，所以通常需要专业治疗。

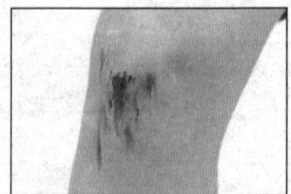

↑摔倒会引起膝盖或者肘部的擦伤，在用纱布包扎前要把伤口弄干净。

处理伤口中的异物

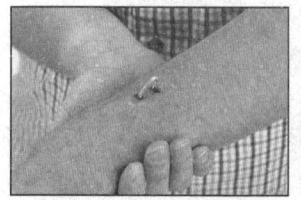

1. 如果有异物嵌在皮肤里面,不要把它拿开,这样做有可能造成更大的伤口。首先保护伤口免受感染并找医疗救助。

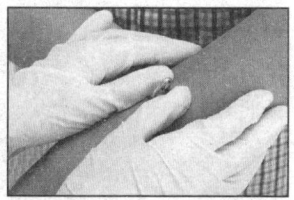

2. 如果伤口流血,用力按住受伤部位周围,千万不要直接在嵌着的东西上用力。抬起伤肢可能会有帮助。

3. 在嵌着的异物周围堆上填料,如果可能的话垫得和异物一样高,好让绷带顺利绑上去。

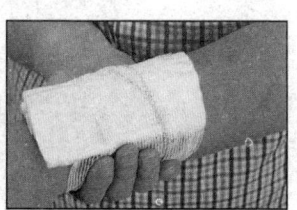

4. 用绷带绑住填料(如果东西很长还凸出来,就绑在两边),去医院时要一直抬起受伤部位。

如果有小东西嵌在肉里面或者伤口很深,可能需要用到镊子。在用镊子接触伤口之前要记得消毒以免感染,把它放在水里煮或者火上烘,然后等其凉下来再开始工作。

如果这个东西很大或者嵌得很深,不要试图拔掉它,因为它有可能堵住了皮肤里面的血管,要尽快为受伤者找到专业的医疗救助。

▶ 清除异物

如果你发现有细小的东西(比如刺)从伤口里面凸出来,可以用手指轻轻挤伤口两边的皮肤,把它挤出来。

眼中异物

让伤者坐下来,你站在他后面从上往下观察其眼皮,这样会比较容易发现眼睛里的一些异物。用手翻开伤者的眼皮,让他的眼珠不断向四周转动。如果你看到异物是在眼白上,那

清除眼中异物

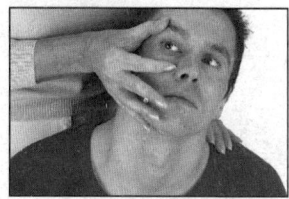

1. 在充足的光线下检查伤者的眼睛,让他上下左右看。如果有东西嵌在虹膜或者瞳孔上,不要试着自己清除,而要去找医疗救助。

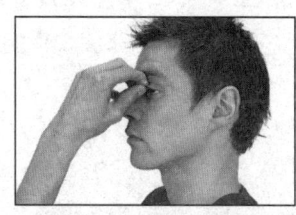

2. 让伤者的眼睛向下看,然后轻轻拉上眼皮,注意看上眼皮下面的部分,细小的砂粒常常藏在那里。

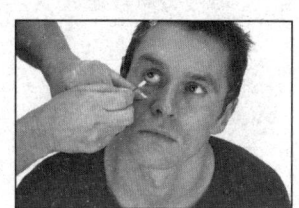

3. 要除掉在眼白上的东西,需用干净的温清水冲洗或者试着用湿棉布擦掉它。如果还不行的话,用垫子(或者海绵)捂住眼睛,然后去找医疗救助。

么可以自己设法除掉它。但是假如异物是在眼珠上，不要试图自己处理，要用一个干净的布垫盖住眼睛然后去找医疗救助。

🠒 蜇伤和咬伤

对于易过敏的人来说，黄蜂和蜜蜂的蜇伤能够导致过敏反应。如果有肿胀、晕眩、呼吸困难、恶心、荨麻疹、咽喉或者胸部发堵等情况发生，那么可能是过敏，应该带病人去看医生。如果有中毒迹象，要打电话给急救组织。蜜蜂蜇过以后可能会留下毒刺，不要挤它，而是用手指或者镊子取出，然后用水和肥皂清洗被蜇到的地方。

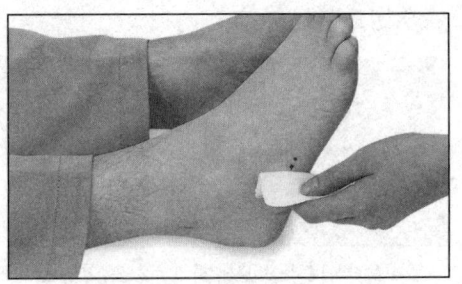
↑用一块干纱布盖住被有毒动物咬伤的地方，千万不要试着自己处理咬伤或蜇伤的伤口。

专业的医疗救助比较保险。

如果伤口很深，用一块干净的布垫按住伤口止血，然后抬起受伤的部位，用绷带或者消毒纱布绑住布垫，再送伤者去看医生。

动物咬伤

如果有人被动物咬伤了，首先把他带到安全的地方以防止再受到攻击。如果伤口在表面，用清水和肥皂清洗，可能的话用一层消毒纱布扎住。如果你怀疑咬人的动物有狂犬病，那还是去寻求

蛇咬

对于蛇的咬伤或者其他有毒性的动物咬伤，要把受伤的人支撑起来，使其心脏高于被咬的部位，然后用一条绷带或者撕碎的布条绑住整个受伤的肢体。比如，如果你的手被咬伤，那么绷带要从肩膀绕着胳膊一直绑到手，注意不要绑得太紧，确保手指能够用力。如果胳膊肿起来的话，则需解开绷带再重新缠

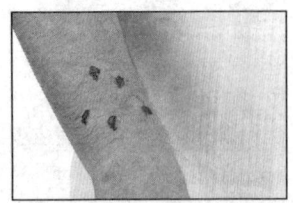
↑被感染过狂犬病的狗咬伤是致命的，所以即使伤口很浅也有必要去寻求医疗救助。

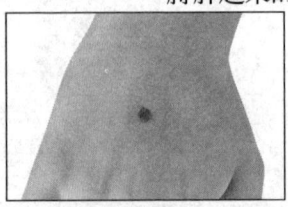
↑刺伤一般是由很长的针样的东西导致的，包括海底动物的刺，所以刺伤的程度很难估测。

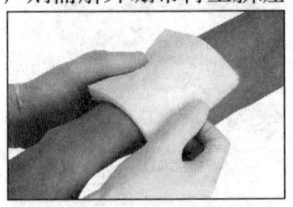
↑用一块清洁干燥的纱布盖住被动物咬伤或者蜇伤的伤口，然后带伤者去看医生。

绕，以便让手指有灵活性，然后立刻寻求专业的医疗救助。

海上受伤

对于僧帽水母和海葵的咬伤，要让伤者离开水面到一个安全的地方，然后用水泼被咬伤的部位以防止任何蜇人的细胞再释放出毒素。如果你有滑石粉，洒一些在伤口上把这些有毒细胞粘结在一起，然后用一些不带绒的干净材料把粉末和细胞一起刷掉。

对于海底多刺动物（比如海胆）的刺伤，要握住被刺伤的部位放在非常热(但是不能烫)的海水中泡30分钟，伤口的刺需要由专业医疗人员来清除。

水泡

用一块干纱布和创可贴捂住水泡，如果水泡破了，用一块无胶面的纱布包扎，并且每天更换以防感染。有关如何治疗水泡的其他建议，参见第4章"徒步旅行"一节。

扭伤

扭伤是指韧带损伤，其原因是韧带被扭曲或者拉伸的幅度超过了正常的运动范围。如果韧带已经被拉直或者完全撕裂，则会非常疼痛。治疗扭伤，可以遵循下面的 RICE 疗法，然后尽快寻求专业意见以便正确诊断伤势。

→抬起扭伤的脚踝然后用冷敷袋敷在上面。在寒冷的天气状况下，注意不要让脚冻伤。

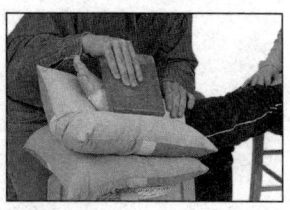

· 休息(Rest)：让受伤的肢体至少休息24小时，可能的话休息48小时。

· 冰敷 (Ice)：在受伤后的前24小时用冰块或者冷敷袋间歇性地敷住伤处（敷30分钟，歇30分钟）。不要把冰块直接放在皮肤上，也不要在受伤后的前24小时用热毛巾敷伤处，24小时后可以用暖敷袋敷。

· 加压 (Compress)：用带有松紧性的绷带扎紧伤处，但是如果肿胀加重，则应马上将绷带松开。

· 上抬 (Elevate)：抬起受伤的肢体并放松，如果可以要高过心脏。

如果你不确定是不是骨折，就把它当做骨折来治疗（参见本章"骨折"一节）。腕部、肘部或者肩部扭伤可以用悬带支撑起来。

烧伤和烫伤

在治疗烧伤和烫伤时，尽快用水（也可以用牛奶或者罐装饮料）冷却受伤的部位10分钟，在受伤部位肿胀之前松开任何束缚。用一块无胶面的纱布或者干净的不带绒材料包住伤口，

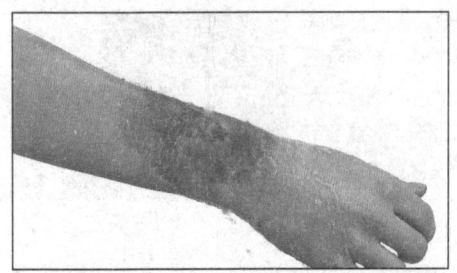

↑如果烧伤的部位在手上或者胳膊上，脱下戴着的手表、戒指或者手镯，因为烧伤的地方会肿胀。

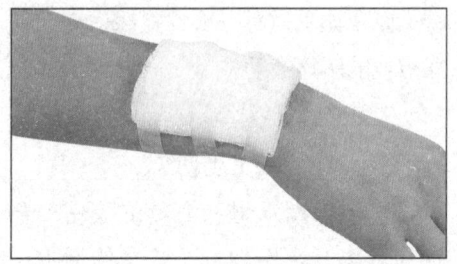

↑等烧伤的地方冷却后，轻轻地用消过毒的无胶绷带包扎烧伤处以防止感染。

然后打上绷带（也可以用塑料袋或者食品袋）。

不要触碰烫伤部位，也不要弄破水泡或者弄掉裂开的皮肤。不要给烧伤的部位涂任何药液，药膏或者油脂（比如奶油）。假如你要重新包扎烧伤处，不要用手碰伤处或者揭掉任何粘在伤口的东西。

➡ 休克

这是一种可能威胁生命的严重状况，它是由血压突然大幅度降低导致的。某些减少血液循环的损伤或者疾病，比如心脏病突发、大面积的烧伤、食物过度缺乏或者长时间呕吐腹泻引起的体液流失等可加重休克症状。严重的头部或者脊椎受伤以及严重的过敏反应也会影响血液循环以加重休克。

休克的最初症状是脸色苍白、身体冰冷濡湿、脉搏加快、出汗增多，随后是恶心、晕眩、视觉模糊、神志不清。如果血液循环不能很快恢复，病人可能会开始大口喘气并且很快失去知觉。

要治疗休克，得把病人放平，将他的腿支起并高过心脏。松开颈部、胸口和腰部的任何束缚，并且保持他的身体温暖。与此同时，尽快联系急救组织，因为医疗人员的帮助总是很必要的。在你等待救护人员的时候，要注意监视病人的生命迹象。如果病人进入昏迷状态，则立刻将病人的身体摆成恢复姿势。

➡ 恢复姿势

恢复姿势适用于那些神志不清但是能够呼吸的人。神志不清的人的呼吸道有可能是堵住的。为了不让这种情况发生，让他侧卧，一只手臂放在头下面作为支撑，另外一只手臂斜放，让气道畅通，舌头前伸，这样淤血和呕吐物之类的东西可以从嘴流出来。弯曲一条腿，保持稳定，假如腿有伤不能弯的话，用卷起来的衣服或者睡袋支撑身体。

溺水

如果去救溺水者,你要做的第一步就是把他安全地从水中捞出来。一个溺水的人在水下很容易去拉营救的人,所以设法从岸上或者船上伸出你的手或脚给他,或者伸出一根树枝或船桨给他,然后拉他安全上岸,不到万不得已不要跳进深水中去救他。

把溺水者仰面放在地上检查呼吸,如果不能呼吸,进行人工呼吸直到他身体变暖,自己能够呼吸为止。如果能呼吸,脱掉他的湿衣服,用你的衣服、睡袋尽量让他保持暖和干燥,然后把他摆成恢复姿势,监视生命迹象,不要给他喂食物或者水。即使溺水者被救出后看起来似乎已经没什么问题了,也有必要迅速寻找到医疗救助机构。因为即便在恢复了意识之后,他也随时可能会出现休克。

人工呼吸

如果有人不能呼吸,你需要给他们进行人工呼吸。在开始这个步骤之前,你必须通知急救组织或者派其他团队成员打电话求救。

首先要把人仰面放在地上,你跪在一旁,面向他的头部。检查他的嘴里是否有阻塞的东西,然后让他的头后仰,花 10 秒钟看看、听听和感觉是否有呼吸的迹象。如果你确信他没有呼吸,就捏紧他的鼻子,张开你的嘴深吸一口气,然后用你的嘴唇封住病人的嘴,以防止气流外泄,送气两秒钟。如果方法得当的话,你应该能够看到在你呼气的时候,病人的胸部会鼓起;假如没有看到胸部鼓起,则改变病人头的位置,保持头部稍后仰、气道通畅,然后再试一次,一直持续到他开始呼吸或者医疗人员赶来救助为止。

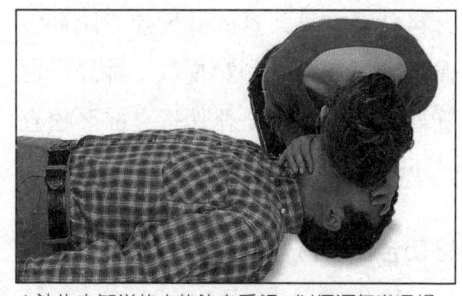
↑让失去知觉的人的头向后倾,以保证气道通畅,并松开系紧的衣服,进行人工呼吸。

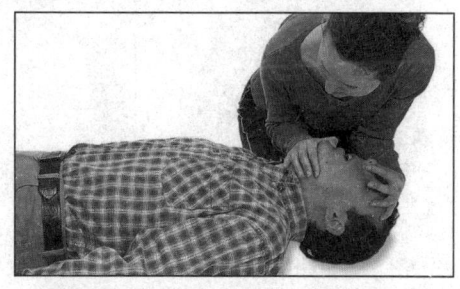
↑你应该看到病人的胸部有起伏。如果没有的话,改变头部的位置,抬起下巴,让气道敞开。

骨 折

各种各样用来治疗骨折的方法多集中在防止骨折进一步加重上面。当你在野外没有适当的医疗技术和设备时,你所能做的只能是这些。治疗的主旨是固定骨折处及其上下的关节,这既可以通过给受伤的肢体装上支架,也可以通过用保护垫缠绕受伤处来实现。

移动骨折部位会产生剧烈的疼痛,并对周围的组织和结构造成伤害,而且可能会有更严重的并发症,比如流血过多或者断骨刺穿皮肤、神经或血管导致休克。在处理骨折之前要检查一下有无其他需要立即治疗的伤害。

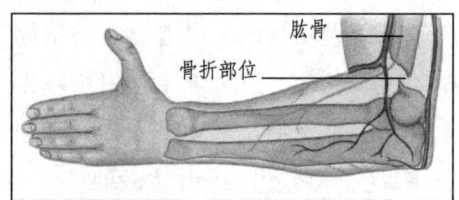

↑肘部上方的肱骨骨折在儿童中很常见,而成年人的骨折更有可能发生在靠近肩膀的一端。

固定手和手臂

这种方法通常用于骨头比较结实的手部和手臂处的骨折。用你自己的手和手臂轻轻地握住受伤者的肢体,让它停止一切活动。这种方法最适用于医疗救援很快就要到来的时候,或者是在没有其他任何可用的急救材料的时候。

如果你要处理的是一个简单的手

给闭合性手臂骨折打上悬带

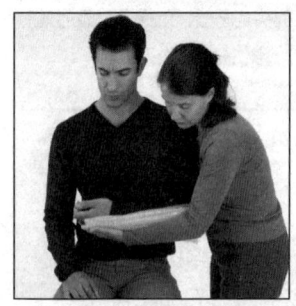

1. 让伤者保持手臂静止不动,用软垫,比如折叠的气垫或者小毛巾(不能太厚)托起骨折的地方。

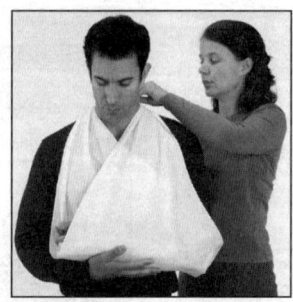

2. 骨折的地方应该被完全固定住,用图中所示的宽悬带,把软垫放在悬带中适当的地方。

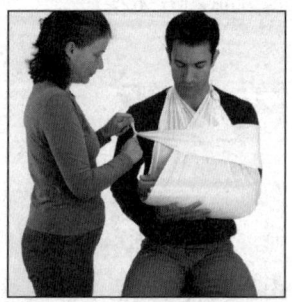

3. 再用一个绷带绕胸部系紧,固定住悬带,保证伤者在去往医院的途中手臂不会晃动。然后寻求医疗救助。

臂骨折，而且你确信弯曲手臂不会导致更重的伤害，那么把手臂放在宽松的悬带里面并停止一切活动是比较安全的。你应该事先在急救箱里准备一个悬带以备不测。

▶ 使用垫塞和盒子

这些支撑物主要用于腿部骨折，但是如果把肘部放在悬带里会导致伤势加重的话，它们也可以用于手臂上的骨折。这种方法就是握住受伤的肢体不动，然后用毛衣、毛巾或者睡袋卷成香肠状轻轻地裹在伤肢上，用足够的垫塞填满中间的空隙以提供支撑，但是不能移动伤肢。最后，把背包、盒子或者其他比较重的东西放在伤腿的两边围住填料。在医疗救援到来之前，如果你想把受伤的人放在原地不动自己腾出手来集中精力照料他的话，这个方法非常合适。

▶ 夹板固定

现在的医疗专业人员已经很少用坚硬的夹板来治疗骨折了，但是如果事故发生的时候你在一个非常偏远的地方，而且要等很长时间医疗人员才能赶来，或者你必须得把伤者带到一个安全的区域，这时候这种方法就可以派上用场了。可以用凿冰斧和铲子的把手，或者结实的剥了皮的树枝来制作临时

的简易夹板，另外用毛衣、毛巾、围巾或者其他任何类似的东西作为垫子绕在伤肢周围。对于骨折来说，治疗的目的是把活动量降到最低限度。

▶ 开放性骨折

当处理开放性骨折的时候，重要的是防止失血，降低骨折处感染的可能以及固定骨折部位。如果可能的话，尽快联系急救组织。在等候期间放一

常见骨折类型

闭合性骨折
骨折处干净，没有骨头错位或者刺穿皮肤的情况。

开放性骨折
折断的骨头一端戳出皮肤，受感染的可能性也大大增加。

青枝性骨折
骨折只发生在骨头的一面，未折断的一面弯曲，像一根柔韧的嫩树枝。这种骨折在儿童中较为常见。

粉碎性骨折
骨头在骨折处碎成两块，许多小的碎片散落在两个大碎块之间。

脱臼性骨折
在已经脱臼的关节处发生的骨头折断或者裂开。

撕裂性骨折
依附在骨头上的韧带或者肌肉被剥离，同时带有一小块骨头。

块干净的纱布在伤口上然后用力按住止血。手上的力要用在凸出的骨头两边,千万不要直接用力按凸出的骨头。

在骨头凸出的地方旁边放上垫塞,然后用绷带把纱布和垫塞扎起来,但是不能扎得太紧。假如包扎需要移动伤肢的话,那就不要包扎。监视伤者的状况,因为伤者会有发生休克的危险。

如果你不得不移动伤者去获得医疗救助的话,你必须得用夹板固定骨折处。给伤肢周围填上更多的垫塞,然后用绷带扎紧,注意尽量把所有活动减到最低。

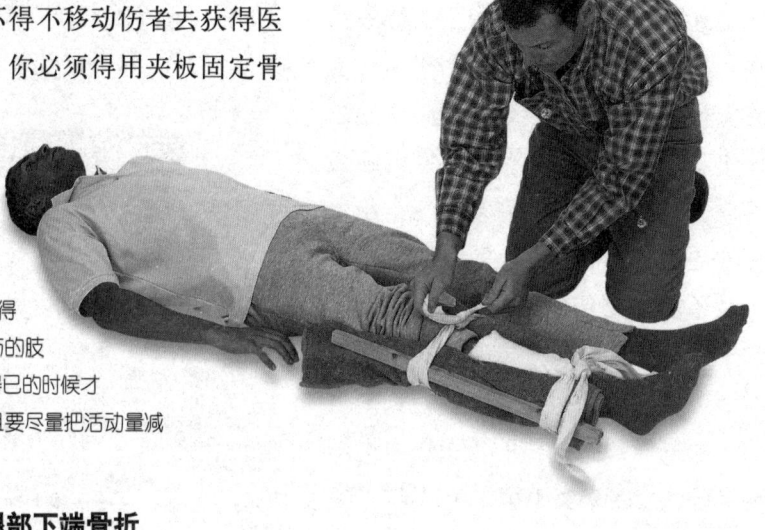

→如果你们在一个非常偏远的地方而且必须要挪动骨折的病人,你得用夹板固定住受伤的肢体。只有在万不得已的时候才可以这样做,而且要尽量把活动量减到最低。

用垫子支撑腿部下端骨折

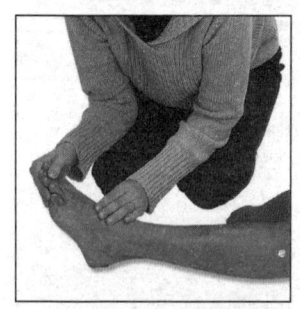

1. 帮助伤者躺下,然后联系急救组织。触摸伤者的脚和腿部下端以检查伤者是否感觉到你的触摸。

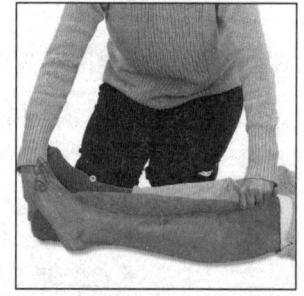

2. 在伤者两腿之间放上柔软的垫子,填到和膝盖一样高。伤者的脚必须以刚被发现时的姿势支撑起来。

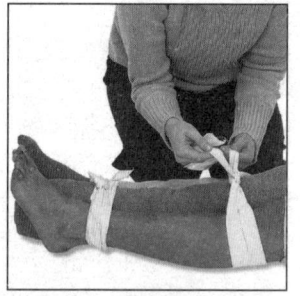

3. 如果你不得不亲自挪动伤者,用绷带把垫子扎起来,要正好扎在骨折处上方和下方一点儿。

第8章 急救

炎热天气的影响

对于那些没有适应炎热气候的人来说，炎热天气的影响是很危险的，从严重的晒伤到威胁生命的中暑都有可能发生。避免阳光直射，穿凉爽的棉布衣服，喝足够的饮料都是很好的预防中暑的措施。在热带国家还有其他的威胁来自于水生疾病，比如说血吸虫病，哪怕是溅起的一点点水都可以使你感染上它，所以要避免在有传染危险的河流中游泳。

在你旅行之前应该接种所有必要的疫苗，但是在炎热气候中最常见的感染还是来自于被污染的食物和饮料或者是蚊子传播的疾病（比如疟疾）。

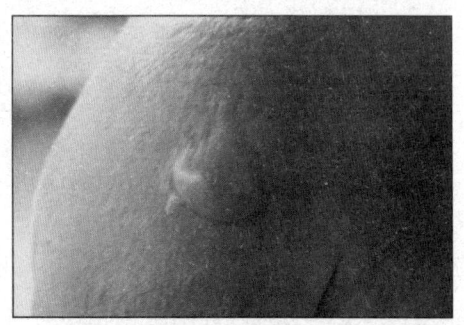
↑晒伤极其严重的情况下皮肤会起水泡，这时应该像治疗烧伤一样治疗晒伤并马上寻求医疗救助。

饮食安全

在炎热气候中旅行，采取下面的预防措施可以避免胃部不适和腹泻。
- 吃刚刚煮好的还是热着的食物。
- 不要吃被苍蝇叮过的食物。
- 吃水果的时候要削皮。
- 饮用水一定要经过烧开或者净化，才能安全饮用。切忌喝生水。
- 如果你要买瓶装水，在买的时候要确定其封口是密封完好的。
- 不要吃生蔬菜。
- 不要吃冰淇淋。
- 不要在饮料中加冰。

➡ 晒伤

如果过度暴露在阳光下又没有适当的保护，就会有被晒伤的危险。晒伤可以在任何地方发生，所以你必须一直保护好自己的皮肤。假如你皮肤白皙而且生活在温带，皮肤特别容易晒伤。那些有金黄或者红色头发的人晒伤的危险最大，而且他们身体上的某些部位尤其脆弱，比如鼻子、脖子、肩背部、头顶或者脚背。

晒伤会使你极其不舒服而且可能对皮肤产生持续性的伤害，增加患皮肤癌的危险，所以必须预防并做好准备。

治疗方法 如果皮肤变得又亮又红肿，一碰到就很痛，要带晒伤者远离阳光到室内或者阴凉处，给晒伤处冷敷或者在冷水中浸泡最少10分钟让晒伤的皮肤冷却下来，或者给晒伤的地方涂上炉甘石剂或者其他对皮肤晒伤有缓解和补水作用的产品（大多都可以从药店买到）。给病人饮用大量的水，并让他躺着不动。如果可能的话让晒伤的部位敞开，必要的话也可以在上面盖一层柔软的棉布。如果皮肤起了水泡，用治疗烧伤一样的方法来治疗，并且去找医疗救援人员。

热衰竭

热衰竭是人在炎热潮湿地区容易出现的一种特殊症状，尤其是在阳光下进行过剧烈运动的人。这是由过度出汗引起的盐分水分流失导致的。

热衰竭的症状有头痛、眼花、神志不清、恶心呕吐以及多汗、皮肤发黏、呼吸急促等。

治疗方法 把人从阳光下移动到凉爽的地方，然后放他躺下，双脚抬起。喂水的时候要让他抬起头，每升水要加一匙盐，同时要记得向医疗人员求助。

中暑

中暑，也曾被称做"日射病"，该病症可能会在热衰竭之后产生，但是也有可能突发，以至于导致几分钟内昏迷。这是人体自身的体温控制系统出现紊乱的严重症状，如果体温不能及时降低的话，可能会导致死亡。

中暑的症状与热衰竭的症状基本类似，其特征是人体体温会超过40℃并且很少出汗或不出汗。因此病人的皮肤会变得干燥而不是湿冷，他会非常烦躁，举止奇怪而且缺乏协调性，还可能头痛并且失去知觉。

治疗方法 首先要做的就是让病人的体温尽快降下来，把他带到阴凉

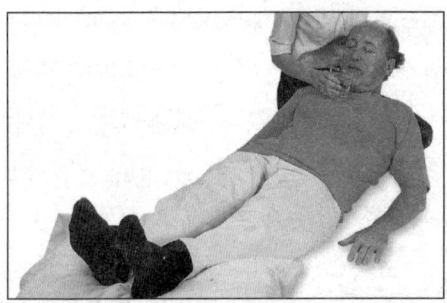
↑热衰竭是由过度出汗引起的盐分流失和脱水导致的，所以应该让病人喝含有少量盐分的溶液。

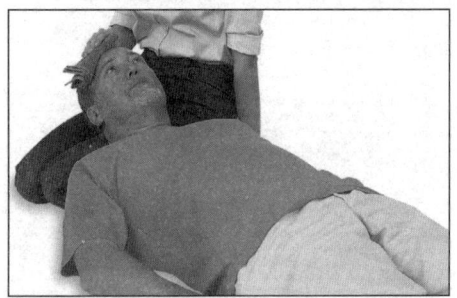
↑把热衰竭病人带到阴凉的地方让体温降下来，以免热衰竭转变成中暑。

防晒和驱虫措施

所有暴露在外面的皮肤都需要涂上防晒霜来避免长波紫外线（户外紫外线）的影响，在衣服比较薄的地方也要涂上防晒霜，因为那里的衣服可能无法有效阻挡中波紫外线（生活紫外线），可能会引起长期损害。

你所选择的防晒霜需要能够有效地阻挡中波紫外线和长波紫外线。在出门前30分钟涂上防晒霜，然后不定期地涂一点，即使是在多云的天气里也要这样。需要找一个防晒指数最少在25以上的品牌。在海拔高的地方或者雪地、水中等环境的时候，你应该使用一个能够防水的品牌，防晒指数最少在40以上。防晒指数只适用于户外紫外线的晒伤，对于生活紫外线的防护则用星级系统来表示。

还要经常涂抹驱虫剂。标准的化学驱虫剂是避蚊胺，它可能是液体的或者是胶状的，可能是喷雾剂或者是粘贴剂。这种东西能够阻挡所有叮人的昆虫，包括蚊子。注意不要涂在眼睛或者嘴巴附近——先喷在手上，然后小心地涂在脸上——不要让它涂在靠近割伤或者擦伤的地方，也不要涂在有衣服遮蔽的皮肤上。驱虫剂可以喷在衣服上。假如你不能忍受避蚊胺的气味，试试植物精油，比如香茅油或者薰衣草油。

建议你晚上睡在蚊帐里面，并且穿编织细密、手腕和脚踝处贴身的衣服。这样有助于减少驱虫剂的用量。

的地方并脱掉衣服。如果可能的话，给他盖上一条湿床单或者浸过冷水的海绵，直到体温降到38℃。与此同时，要尽快联系急救机构寻求帮助或者直接送病人去医院。

➲ 痱子和热疹

人体通常在衣服穿得太紧或者衣服摩擦皮肤的情况下会出现痱子和热疹。要避免这种情况出现，需要穿宽松合身的纯棉衣服，经常用凉水淋浴，不要用香皂，擦干身体的时候要小心。如果疹子扩散的话，可以用炉甘石药水缓解一下。

➲ 旅途腹泻

这通常是由食物中毒、吃了不常见的食物或者饮用被污染的水导致的，而且可能伴有呕吐。症状一般会在几小时内消失。假如病人的症状持续或者有出血、发热状况，要去寻求医疗救助。

治疗方法 鼓励病人大量喝水或者采用其他的补水措施来缓解体液流失引起的脱水。

野外生存必备手册

寒冷天气的影响

在寒冷环境中存在着出现冻疮和低体温症的危险,如果有风吹的话这种危险会增大,因为风的寒气会使气温变得更低。

此外,在寒冷环境中还会导致雪盲症、晒伤等症状。

⇨ 雪盲症

这是一种暂时性的目盲,它是由于冰雪上反射的强烈的阳光刺激眼睛导致的。症状轻微的雪盲症会使眼睛变得红肿,极端恶劣情况下会对视力产生永久性的损害。要避免雪盲症,就得戴上墨镜或者护目镜。

⇨ 晒伤

在高海拔地区的冰雪上被晒伤的危险很大,冰雪能够反射太阳的光线并且晒伤鼻子和下巴上的皮肤。你必须使用高指数(防晒指数至少在40以上)的防晒霜来盖住所有暴露在外面的皮肤。

治疗方法　见本章"炎热天气的影响"一节。

⇨ 冻疮

在冰雪环境中,冻疮能够侵袭任何裸露的皮肤,身体的末端部位如脸、鼻子、耳朵、手和脚最易生冻疮。要避免冻疮,得穿宽松的衣服,戴连指手套而不是普通手套,头上要戴羊毛的巴拉克拉法式的帽子。尽量保持衣服干燥,活动手指脚趾保持血液循环。

冻疮的症状是有刺痛和麻木感。如果你在一个团队之中,可以相互检查彼此的四肢,看看同伴的皮肤是否变得苍白僵硬,颜色变白然后变蓝最后变黑。

治疗方法　脱掉手套或者靴子,

↑在寒冷的环境中,四肢最容易生冻疮。可以不时地把冰冷麻木的手放在腋窝下取暖。

把有冻疮的部位放在暖和的地方（比如腋窝）或者泡在温水中让它慢慢变暖，最后用绷带包扎起来。支起有冻疮的肢体，必要的话去找医疗救助。

➡ 冻伤

当双脚长期处于既潮湿又寒冷（0～10℃）的环境中的时候会产生冻伤，如果这种状况持续很长时间会成为一种严重的疾病，因为血管收缩会阻断血液循环，从而产生坏疽导致双脚残废甚至需要截肢。

冻伤发生时双脚很不舒服，变得僵直、冰冷、沉重，冻伤的部位会肿胀并且感到刺痛。脚趾和脚踝也很僵硬，行走很困难。要预防冻伤，得来回行走，保持脚部干燥，解开鞋袜以利于血液循环。一到达营地，首先要做的就是换掉潮湿的鞋袜。

↑得低体温症的人会变得神志不清。带他们到一个有遮蔽的地方，给他们多裹上一层东西，并和他们待在一起。

治疗方法 同冻疮。

➡ 低体温症

长时间处于寒冷的环境之中，尤其是在有风又潮湿的环境中容易导致低体温症，这种状况通常发生于体温低于35℃的时候。

随着体温的不断降低病人开始颤抖，然后变得迷糊困倦并且行为怪异。他们会抱怨感觉疲劳而且视觉错乱、言语含糊甚至会出现抽筋，皮肤会变得苍白黏湿。当体温降到26℃的时候，会出现这种症状的最后阶段——失去直觉，随之是心脏骤停而死亡。团队的所有成员都必须密切注意出现这种症状的人。

要避免低体温症的出现，就要隔离冷气。除了穿暖和的衣服外还要披

↑给低体温症患者喝温的饮料，比如加糖的茶，来使其体温升高。不要让其喝酒。

一层保护性的挡风大衣，吃好喝足并保持身体的活动状态。

治疗方法 用毯子裹住病人，要盖住头部把他放在睡袋、隔热毯或者任何类似的东西里面。打电话给医疗救助部门或者派人去求援，但是不要丢下病人不管。如果可能的话，给他喂温饮料或者容易消化的高能量食物。要一直和他说话，让他保持精神振作。假如他停止呼吸的话，立即进行人工呼吸。

高原反应

高原反应或者高海拔反应可能带来严重的头痛，也可能是威胁生命的肺水肿或者脑水肿（肺或者脑中有积液）。这是由过快地登上海拔3000米以上的山峰引起的。

在高海拔地区气压很低，空气也比平原上稀薄，所以进入血液循环的氧气更少。海拔大约在5500米以下时，身体能够适应这些不利因素，但是需要时间。高原反应最初可以观察到的症状通常是呼吸急促并且想要放慢行进的速度，更严重的情况可能是严重的头痛、胸部不适、没有食欲、恶心呕吐、失去平衡感以及干咳。在人们登山的时候，高海拔给人们的影响并不是每次都相同，一次探险中没有出现高原反应并不意味着以后不会出现。

要避免高原反应，你应该缓慢地攀上高峰（每天不超过3000米）。如果可行的话，在中间高度的（2500米左右）地方停留几天以适应那个海拔高度，然后再去攀登更高的山峰。脱水会加重高原反应，因此在登山的时候大量饮水是非常重要的。

治疗方法 如果有人出现高原反应的症状，应该把他尽快带到海拔较低的地方，尤其是在高原反应突然出现的时候。这些症状可能要过几天才会消失，但是在转移到海拔较低的地方之后如果状况继续恶化的话，病人就需要立即得到医疗救助，因为这表明病人有肺水肿或者脑水肿。

高海拔的影响

在不同的海拔高度，登山者在各个阶段的高原反应也不同。

⊙急性高原反应（很少发生在2450米以下）：来得快；有头痛、恶心、头晕目眩、呼吸困难等症状。

⊙高海拔肺水肿（很少发生在3000米以下）：疲劳、干咳、头痛、发热、心跳加快、嘴唇发紫。

⊙高海拔脑水肿（很少发生在3350米以下）：严重的头痛、失明，缺乏协调性，出现幻觉。